Friedrich Christoph Jonathan Fischer

Sitten und Gebräuche der Europäer im V. und VI. Jahrhundert

Friedrich Christoph Jonathan Fischer

Sitten und Gebräuche der Europäer im V. und VI. Jahrhundert

ISBN/EAN: 9783743491373

Hergestellt in Europa, USA, Kanada, Australien, Japan

Cover: Foto ©Suzi / pixelio.de

Manufactured and distributed by brebook publishing software (www.brebook.com)

Friedrich Christoph Jonathan Fischer

Sitten und Gebräuche der Europäer im V. und VI. Jahrhundert

Sitten und Gebräuche

der

Europäer

im V. und VI. Jahrhundert.

Aus
einem alten Denkmale
beschrieben
von

Friedrich Christoph Jonathan Fischer.

Frankfurt an der Oder,
verlegt von Carl Gottlieb Strauß. 1784.

Sitten und Gebräuche
der
Europäer
im V. und VI. Jahrhundert
aus einem alten Denkmale beschrieben.

Wenn wir die Tugend mit unsern körperlichen Augen beschauen könnten, sagt Plato, so würde der Eindruck ihrer göttlichen Schönheit uns entzücken, uns bis zur Umarmung hinreißen. Mit welch grösserem Rechte können wir dieses nicht von der Sittenlehre und von der Gesezgebung unserer Stammväter behaupten? Wahrlich, nirgend herrscht eine solche Einfachheit in den Begriffen, nirgend eine solche Harmonie in den Grundsäzen. Die Menschheit scheint hier wiederum ihre ächten und unwandelbaren Rechte ungestört zu genießen, und mit dem edlen Stolze einer unangetasteten Freyheit zu triumphiren. Die Tugend sucht keine fremden Reizungen zu erborgen, sondern zeigt sich ganz ungeschmückt in ihrer ersten Einfalt. Der Aberglaube und der Despotismus fanden keine

Gelegenheit, die Unschuld dieser zwo ebenbürtigen Schwestern zu versuchen, und auf Abwege zu führen. Denn mit der natürlichen Blöße ihrer Schwester zufrieden, verachtete die Tugend allen Flitterstaat, den ihr jener umlegen wollte, und man kannte weder die Lehrsäze einer verkehrten Politik, noch die weinerlichen Klagen der Schwärmerey über natürliche und ursprüngliche Verderbnisse des Menschengeschlechtes. Ueberzeugt von der ersten Güte und Unverdorbenheit unsrer Gattung, bemühte man sich, die zarten Keime der Menschheit zu nähren und sie empor zu bringen. Man war besorgt, alle Hindernisse wegzuräumen, und allem Anstoße vorzubeugen, der ihrem Wachsthume schädlich seyn, oder ihn gar aufhalten könnte. So wenig ließ man sich's einfallen, die unverwahrte Brust durch scheinbare Uebel zu schrecken und in vergebliche Furcht zu sezen, daß man vielmehr jeden Anlaß vermied, sie allzufrühzeitig von dem Daseyn des wahren Uebels zu benachrichtigen. Wenn dieses aber einmal vorhanden war, und ihnen sichtbar wurde, so wußte man dessen Schädlichkeit durch schleunige Linderungsmittel zu mäßigen und es eilig zu entfernen. Man ließ übrigens der Natur ihre volle Stärke, die eingepflanzten Vollkommenheiten selbst auszubilden, und schwächte ihre Wirkungskraft durch keinen Eigendünkel. Möchten wir Teutschen, die wir so emsig sind, uns um alle Heimlichkeiten unserer Nachbarn zu bekümmern, und uns nach allen Kleinigkeiten der klaßischen Vorwelt zu erkundigen;

möchten wir doch einmal uns die Mühe nehmen, nach der Zuverläßigkeit dieser Dinge zu forschen, und unserer ewigen Betrachtung und Bewunderung der Sitten, Verfassung und Denkart der Griechen und Römer ein paar Augenblicke entwenden, um sie demjenigen Volke zu schenken, das sich selbst die Achtung dieser vergötterten Alten erworben, das seine Herrschaft über ganz Europa, und über den größten Theil der beiden Halbkugeln ausgebreitet hat. Freylich wird die Nachforschung mit einiger Demüthigung verknüpft seyn. Denn wir werden auf jedem Schritte gewahr werden, daß wir heutzutage mit ihnen beynahe nichts mehr als den Namen gemein haben, und daß eben so sehr, als sie sich ehemals bestrebten, es allen Nationen an Heldenmuthe und Rechtschaffenheit zuvor zu thun, wir uns jezo bemühen, allen diesen an Unart und Thorheiten nichts nachzugeben. Allein welche Beruhigung für uns, wenn wir den Ursachen dieser Verdorbenheit nachspüren! Der Aberglaube, dieser allgewaltige Zauberer des menschlichen Geistes, hat auch uns berückt. Unsere Väter, die jenen Grad der Erleuchtung noch nicht besaßen, der nur durch eine Erfahrung, die eine stufenmäßige Entwikkelung der Menschheit durchwandelt ist, und nur durch vielen Umgang mit aufgeklärten Köpfen aus verschiedenen Zeitaltern erlangt wird; ließen sich statt einer seligmachenden Religion bloß morgenländische Sitten und römischen Despotismus einflößen, und befleckten damit ihren Nazionalcharakter. Späte bemerkten sie erst die Täuschung, und obgleich sie sich jezo mit aller ihrer natürlichen Heftigkeit wafneten, um die Trümmer der väterlichen Tugend zu retten, so blieb doch all ihr Eifer vergeblich; denn die Fesseln, die ihnen der listige Klerus unmerklich angelegt hatte, waren unzerbrechlich, und ihr Ungestüm konnte nach einer Reihe von schrecklichen Revolutionen, die beynahe ganz Europa erschütterten und zu Grunde richteten, am Ende nichts weiter auswirken, als daß er das sonderbare Staatsgebäude hervorbrachte, das wir noch heutzutage bewohnen, und das ohngeachtet aller seiner Baufälligkeit, doch sorgfältig erhalten werden muß, weil keine allgemeine Verbesserung möglich ist, und sein Einsturz die fürchterlichsten Verwüstungen nach sich ziehen würde. Jene, die sich's so sehr angelegen seyn laßen, die übrigen morschen Pfeiler vollends wankend zu machen, dürfen sicher darauf zehlen, daß sie zuerst, der Umsturz mag sich nun neigen, auf welche Seite er will, unter seinem Schutte begraben seyn werden.

Kein Zeitraum ist für die neuere Geschichte von größerer Wichtigkeit, als der vom Einbruche der Barbaren ins Römische Reich. Und wie sehr unterscheiden sich hier nicht wiederum die Heerzüge Attila's, Königs der Hunnen? Die barbarischen Nachbarn Roms hatten sich mit ihren Einfällen nie weiter als in die äußersten Staaten dieses ungeheuren Reiches gewagt. Alarich und Attila, von der äußersten Sittenverderbnis, dem gänzlichen Mangel an Kriegs-

zucht

zucht a), und von der schlechten Staatsverfassung vollkommen unterrichtet, und also leicht vorhersehend, wie wenig die innern Gegenden seines Gebiets vermögend seyn würden, einem feindlichen Anfalle zu widerstehen, verfolgten zuerst ihre Siege bis an die Zinnen der Hauptstadt b), und lehrten durch ihr Beyspiel, daß es, um das ungeheure Staatsgebäude ganz über den Haufen zu werfen, seither nur an zureichender Entschloßenheit und an kühnem Muthe gemangelt habe. Odoacer, Theoderich der Große und Alboin folgten genau dem vorgezeichneten Pfade, und Karl der Große glaubte seinen Eroberungen so lange keine Grenzen setzen zu dürfen, als bis er die glänzenden Vorrechte des römischen Thrones auf seine fränkischen Staaten herübergepflanzt hätte. So glanzvoll aber die Epoche ist, die der Hunnische Attila gemacht hat, so wenig sind wir heutzutage von dem Detail seiner Siege benachrichtiget, und von den mancherlei Veranlaßungen seiner Thaten belehrt. Denn gleich andern Helden der ersten Größe war er bemüht, dem Aberglauben Schranken zu sezen, und der Priesterschaft die dem Volke entwandten Schätze wieder abzunehmen. Aber dadurch erfuhr auch er die schreck-

 liche

a) *Priscus* in Excerpt. Legat. pag. 34.

b) *Naeniae R. Attilae ap. Jornand. de reb. Get. p. 479.* Praecipuus Hunnorum Rex Attila — vtraque Romanae Vrbis imperia captis ciuitatibus terruit, et ne praeda reliqua subderent, placatus precibus annuum vectigal accepit.

liche Wirkung, die jede Verfolgung dieser Menschenklaße nach sich zieht. Der gemeine Haufe von Mönchen wußte eine Menge häßlicher Verläumdungen wider ihn auszustreuen, und sein Andenken bey dem Volke auf mancherlei Art zu lästern und zu verunglimpfen. Nicht genug, daß er seinen Namen mit dem Beyworte einer Geißel des menschlichen Geschlechts gebrandmarkt hatte, zerstörte er boshafter Weise alle Denkmäler, die seinen edlen Charakter der Nachwelt hätten kennbar machen, und seine Thaten vor aller Verunglimpfung hätten sichern können. Eben daher besitzen wir von einem für unsere Kultur und Staatengeschichte so merkwürdigen Zeitalter heutzutage nichts, als ein paar abgerissene unvollkommene Fragmente von Geschichte; nichts als widersinnige Fabeln von Wundern, wodurch sogenannte Heiligen den Lauf seiner Eroberungen aufgehalten haben sollen; nichts als gehäßige Beschreibungen von Grausamkeiten, denen er, wenn sie auch wahr sind, bey der unzähligen Menge, und der angebohrnen Wildheit seiner Krieger nicht immer Einhalt thun konnte. Nirgend eine genaue und ausführliche Erzehlung der Begebenheiten und ihrer Verknüpfung mit der Geschichte der umliegenden Völker; nirgend eine Schilderung der gleichzeitigen Staatsverfassung Europens und des Grades seiner Kultur. Ueberall nur kurze, nur dunkle und einseitige Bemerkung allgemeiner Revolutionen, und sehr selten eine Angabe der Triebfedern dieser erstaunenswürdigen Staatsveränderungen, oder Entwickewickelung der Mittel, wodurch sie bewirkt worden sind. Wie schätzbar muß uns daher nicht jedes Denkmal seyn, das uns von einem so düstern Zeitalter ausführliche Nachrichten liefert, das uns die ersten Keime unserer jetzigen Staatsverfassung entwickelt, die Urstoffe unserer heutigen Sittlichkeit zeigt, und Gebräuche und Gewohnheiten schildert, die, obschon sie uns fremde sind, doch noch durch ihre natürliche Unschuld und Vortreflichkeit reizen, und uns mit dem Urstande der Menschheit näher bekannt machen! — Ja, was alles dieses weit übertrift, das uns einen der größten Weltbezwinger in seinem Privatleben abmahlet; uns in die Geheimnisse seines Hauswesens hineinblicken läßt; uns die ersten Entwürfe seiner Tugend vorhält. —

Ein solches Monument hat sich zu einer Zeit entdeckt, wo so viele Archive durchstört, so viele Denkmäler untersucht worden, und, eine natürliche Folge, so viele wichtige Urkunden ans Licht gekommen sind. Es war im Jahr 1779, da ich zu Stuttgart die schätzbare Bibliothek des Grosbritannischen Legationsraths von Mosheim, eines würdigen Sohns des ehemaligen Göttingischen Kanzlers besah. Unter vielen merkwürdigen Dingen zeigte er mir einen kleinen Pergamentenen Codex des XIII. Jahrhunderts, der eine Sammlung verschiedener Stücke aus verschiedenen Zeitaltern, klaßische Autoren, Akten der Kirchenväter und Formeln aus der päbstlichen Kanzley enthielt.

Meine Aufmerksamkeit mußte sich nun allerdings bey einem epischen Gedichte in lateinischer Sprache anheften, das sich ohngefehr in der Mitte zwischen Fragmenten vom Cicero und des Boethius philosophischen Trostgründen befand, und wovon mir Mosheim sagte, daß es ein Roman aus dem Mittelalter wäre. Kaum hatte ich es abschreiben laßen, und mit der in diesen Arbeiten nothwendigen Genauigkeit untersucht, so erstaunte ich über den literarischen Schatz, der sich unter meinen Händen gebildet hatte, über die Bereicherung der Geschichtskunde, die daraus für ganz Europa entstand, und über den Nutzen, der sich davon auf spätere klaßische Schriftsteller verbreiten ließ. Ich fand, daß meine Epopöe die Geschichte der ersten Heerzüge des Attila gegen die fränkischen, gallischen, und burgundischen Staaten enthielt, wovon indeß die historischen Monumente bald gar nichts gesagt, bald unter falscher Zeitrechnung gesprochen haben, und daß sie sich endlich in eine Erzehlung der Begebenheiten Walthers (Vualtharii) eines königlichen Prinzens von Aquitanien verwandelt. Das Gedicht war weder Polykarp Leysern c), noch Caspar von Barth d), noch irgend einem der historischen Literatoren von Teutschland bekannt. Nur der berühmte Baierische Histo-

c) Historia Poetarum et Poematum medii aevii. Halae 1741.

d) Vid. Index II. omnium auct. Christian. in Adversar. Tomo.

Historiker Hans Thurmeyer e) hat in der Klosterbibliothek von St. Emmeran eine Handschrift gesehen, und zween Verse davon in seine baierische Chronik eingerückt. Nachher bekam Markward Freher ein Manuscript, das nach den von ihm angeführten Schlußversen wahrscheinlich vollständig gewesen ist, und das er in einem sogenannten Tomo Francicorum anecdoton bekannt machen wolte. f) Ludwig Anton Muratori gab unter seiner Sammlung Italienischer Schriftsteller g) ein Fragmentum Chronici Monasterii Novaliciensis heraus, worin einige Begebenheiten des Prinzen Walthers erzehlt, und etliche Verse aus

e) *Annal. Bojor. L. II. p. 130.* Reperi Reginoburgi in Bibliotheca divi Haimerani de rebus ab Attila gestis opus heroico versu et latina lingua non ineleganter factum. Vnde isthaec de Hunnis et Attila carmina excepi.

Foedera supplicibus donat sternitque rebelles
Vltra millenos fertur dominarier annos.

Teutsche Chronika, Frankf. 1622. S. 498. Es sein viel alter Reime und Meistergesänge bey uns vorhanden, von ihm gemacht. —

f) *in Origin. Palat. P. II. pag 62.* Sed et antiquissimo quodam Anonymi carmine latino non absimile nugamentum de Gybicone Francorum Rege Wormatiae residente ejusque filio Gunthario, tum Walthario Aquitano et Haganone descriptum in veteribus membranis habeo.

g) Tom. II. P. II. pag. 704. seqq.

aus jenem Gedichte eingestreut werden. Noch mehrere Auszüge kommen in den weitern Fragmenten dieser Chronik vor, die erst nachher Muratori von einem gewissen Grafen Robilant aus einer Handschrift des X. Jahrhunderts erhalten, und in den 3ten Band seiner Italienischen Alterthümer eingerückt hat. Im Jahre 1782 fand endlich der Badische Bibliothekar, Friedrich Molter, auf der Markgräflichen Bibliothek zu Karlsruhe eine Handschrift vom neunten Jahrhundert, die ganz vollständig war. Daher er nicht nur den Schluß des Gedichts, der im Mosheimischen Manuscripte abgeht, in Meusels Litteratur 1782. St. IV. bekannt machte, sondern auch das ganze Gedicht metrisch übersezte, und bey Maklot in Carlsruhe 1782. herausgab. Aber schon vorher hatte ich den Originaltext nach der Mosheimischen Handschrift mit einem ausführlichen Commentar begleitet im Schwickertischen Verlage zu Leipzig abdrucken lassen i).

Das Gedicht scheint nicht ganz gleichzeitig zu seyn. Denn V. 685. heist es:

Quem referunt quidam Scaramundum nomine dictum.

und V. 916:

Istiusque modi Francis *tunc* arma fuere.

Indeß

h) pag. 965. vsque ad 972.

i) De prima expeditione Attilae Hunnorum Regis in Gallias ac de rebus gestis Waltharii Aquitanorum pri-

Indeß halte ich es auch nicht für viel jünger, als vom VI. Jahrhunderte. In welcher Vermuthung mich nicht allein die Uebereinkunft der Sittenbeschreibungen mit der Verfassung dieses Zeitalters, und die Gleichheit der lateinischen Ausdrücke und Rechtschreibung mit den klaßischen Handschriften aus diesem Zeitraume bestärken, sondern auch die auffallende Aehnlichkeit mit den Schriften des Venantius Fortunatus und des Fl. Cresconius Corippus Afrikanus, wie ich es durch Bezeichnung der Parallelstellen in meinem Commentar k) gezeigt habe. Weiter unten werden wir noch einen Vers kennen lernen, der uns in den Stand sezt, das Alter des Gedichts genau zu bestimmen.

Gleichwie überhaupt die Teutschen gewohnt waren, bey ihren Gastmälern l) die Thaten ihrer tapfersten Helden abzusingen, und auf diese

principis carmen epicum Saec. VI. ex Cod. MSto membr. opt. notae summa fide descriptum, nunc primum in lucem productum et omni antiquitatum genere, inprimis vero monumentis coaevis illustratum et adauctum a F. Chr. I. Fischer, ICto Hal. Lips. 1780.

k) ad v. 223. p. 18. 265. p. 20. 290. p. 22. 294 p. 23. 298. p. 24. 306. p. 25. ad v. 380. p. 30. 406. p. 31. 566. p. 37. 1561.

l) Diß erläutert die Stelle Ossians Calthon:

Wenn sie den lodernden Eichstamm umsitzen, und
unter Gesängen
Voriger Alter die Nächte verfliegen.

diese Art ihr Andenken bey der Nachwelt zu erhalten m), so geschah es auch nach Annehmung der christlichen Religion von ihrer Geistlichkeit, die gewohnt war, eine Menge heidnischer Gebräuche beyzubehalten, und sie mit Andachtsübungen zu vermischen. Sie brachte dergleichen Volkslieder in eine dem Christenthum angemessene Form, und ließ sie besonders in den Klöstern während der Tafel und an den Winterabenden deklamiren n). Noch 1380 befiehlt Bischof Wilhelm von Wykeham in seinem Stiftungsbriefe für das Neue Collegium zu Oxford, daß die Studenten sich des Winters nach dem Mittagstische und nach dem Abendessen mit Gesängen und andern ehrbaren Ergötzungen belustigen, und sich mit der Lesung der Gedichte, der Reichschroniken und mit der Be-

m) *Bayer* in opuscul Histor. Philol. Critic. pag. 243. *Winckelmann* in Exequiis Rolandi Brem. Sect. 21. ap. *Westphalen* Tom IV. Monum. ined. rer. Cimbr. et Megapol. col. 2068 *Bartholin.* Ant. Dan L. I c. 10. pag. 153 seqq. *Torfaeus* in praefat. rer. Orcad. Hist. ohne Seitenzahl.

n) *Ant. Dadin. Altaserra* Asceticon siue Origin. rei monast. ex Edit. *Glückii.* Halae 1782. L. V. cap. 12. pag. 450. 451.

Vita S. Meinwerci n. 52. Ludusque fuit omnibus insudare versibus jucundisque cantibus, quorum in scriptum et pictura jugis instantia claret multipliciter hodierna experientia, dum studium nobilium Clericorum vsu perpenditur vtilium librorum.

Betrachtung der Wunder dieser Welt unterhalten könnten o).

Der Anfang meiner Epopöe:

Tertia pars Orbis, fratres, Europa vocatur

zeigt, daß es ebenfalls ein solches Gedicht gewesen ist, welches während der Tischzeit den Mönchen, denn Fratres wurden damals alle Mönche genennt p), vorgelesen wurde, und da der Held des Stücks, Prinz Walther von Aquitanien, seine übrige Lebenszeit im Kloster Novalesa in Piemont zugebracht haben soll, und der Innhalt des Gedichts nachher ganz in die Novalesische Chronik eingetragen worden ist, so wird es mir nicht unwahrscheinlich, daß der Verfasser ein Mönch dieses Klosters gewesen ist. Wenigstens ein Mönch war er ganz gewiß. Man sieht dieses aus der Menge seiner eingestreuten Betrachtungen. Sein Name aber wird nirgends erwehnt.

Alle Europäer von keltischer und germanischer Abkunft hielten sich ihre eigenen Hofpoeten, Barden und Skalden genannt, welche die merkwürdigsten Begebenheiten und Heldenthaten in Verse bringen mußten, um auf diese Art ihr Andenken bey der Nach-

o) *Wharton* History of English Poetry, Vol. I. p. 92.

p) *Muratori* in praefat. ad *Nigell.* de reb. gest. Ludov. Pii Tom. II. Script. rer. Ital. P. II. pag. 7.

Nachwelt zu erhalten, und die Zeitgenossen zur gleichen Tapferkeit anzufeuren q).

Nicht allein zur Zeit des Tacitus, sondern noch viele Jahrhunderte nachher bis zum XIV. Jahrhundert blieben dergleichen Gesänge die einzigen Quellen der vaterländischen Geschichte. Die Barden und Skalden waren die angesehensten Männer im Volke, deren Rath man sich in den wichtigsten Angelegenheiten und in Staatssachen bediente. Sie wohnten allen

q) *Aelian Var, Hist. L. XII. c. 23.* Proinde Canticorum materiam faciant homines, qui in bello pulchra morte occubuerunt.

Lucani Pharſ. L. I.

Vos quoque, qui fortes animas, belloque peremptas,
Laudibus in longum vates dimittitis aeuum,
Plurima ſecuri fudiſtis carmina Bardi.

Ammian. Marcellin L. XV. c. 9. Fortia virorum illuſtrium facta heroicis composita verſibus cum dulcibus lyrae modulis cantitarunt.

Egils Saga ap. Bartholin Ant. Dan. p. 166. Rex omnium aulicorum ſuorum in maximo honore habuit Scaldos, qui in alterius ſcamni honoratioribus locis ſedebant.

Knytlinga Saga cit. l. p. 168. Fuit vir quidam nomine Thoraninus Loftuoga natione Islandus inſignis Poeta (Skalldr) hic in aulis regum aliorumque principum diu commoratus grandaevus euaſerat, cum Regum Canutum adiret, nam de eo carmen pepigerat.

Snorro Sturles. in praeſ. Chron. Norweg. Apud Haraldum Regum Scaldi erant, quorum carmina adhuc memoria tenentur, vt et carmina de omnibus Regibus, qui in Norvvegia regnarunt, compoſita.

len Schlachten bey, um sich die merkwürdigsten Begebenheiten anzumerken, und das Andenken der tapfersten Männer durch ihre Lobgedichte zu verewigen r). Denn ihr Stillschweigen von den Thaten gewisser Personen ward für dieselben sehr unrühmlich s).

Temora B. 1. — Nun aber grub man ohne Thränen sein Grab,
Und über den König von Erin schwiegen die Barden.

Daher sagt auch Fingal im V. Buche bey Ossian:

Doch werden mich Barden
Singen, und Steine verkünden; dir aber o Ryno, dir tönet
Nirgend ein Lob, noch glänzet dein Name in keinem Gesange.
Allein, lange dein Saitenspiel her, und sing mir von Ryno!

Melde

r) *Thom. Bartholin.* Antiquit. Dan. L. I. c. 10 pag. 173. sqq Ge *Buchanan.* rer Scoticar. L. II

s) Daher redet der Skalde Starkather den unthätigen König Ingell von Dännemark beym Saxo Grammat. so an:

Vnde cum Regum tituli canuntur
Et Ducum vates memorant triumphos,
Pallio vultum pudibundus abdo
Pectore tristi.

Cum tuis nil eniteat trophaeis
Quod stylo digne queat annotari
Nemo Frothonis recitatur haeres
Inter honestos.

Melde der Folgezeit ihren Verlust am werdenden
Helden. —

Ferner frägt er:

Wessen Gedächtnis — — —

Ruhet auf jener begrünten und finstern Stätte? Vier
Steine
Schau' ich begipfelt mit Mooß. Sie künden der
Sterblichkeit engen
Aufenthalt an. Dort soll er auch ruhen, mein Ryno,
zur Seite
Eines Tapfern. Vielleicht daß dort ein rühmlicher
Führer
Schlummert, in dessen Geleite mein Sohn einst Wol-
ken beschwebt.
Ullin durchdenke die Kunden der Vorzeit! Laß deine
Gesänge
Ströhmen, und gib uns Bericht von den dunkeln
Bewohnern
Dieser Gräber.

Im VII. Buche heißt es von einem Barden:

Unter der moosigten Klippe von Lona, da wo sich
der Strohm krümmt,
Wohnt in seinen ergraueten Jahren der König der
Harfen
Clomnal. Ueber dem Greißen erbrauset sein Eich-
baum, und bräunlich
Hüpfen die Gemsen umher. Von unserer Schlach-
ten Getümmel
Tönet sein Ohr, so wie er die Vorzeit durchdenkend
hinansitzt.

Ihre Person war selbst bey dem Feinde heilig und unverletzbar.

Temo-

Temora B. I. — — Er schloß uns

Tief in Finsternis ein. Sein Geist war düster, und dennoch
Fand er nicht Muthes genug, sein Eisen auf Barden zu zücken.

Bald hernach heist es:

Seze die Barden in Freyheit! Sie sind der Vergangenheit heilig.

Der im Zweikampfe besiegte wurde ohne Bardengesang beerdiget, nach dem Verse:

Fingal muß mir gesanglos zur Erde.

Die Seelen der Helden verliessen nicht eher ihre Gräber, und stiegen zur Wallhalle empor, bis ihr Lobgesang gefeyert war. Temora B. III.

— Held Dutcharon verhauchte sein Leben.
Izo beschien sie der Tag. Izt wich er den Schatten. Kein Barde
Welcher die Fluren in tiefer Beobachtung durchirrte. — Wie konnte
Connal die Stätte des Vaters verlassen, noch hatte Dutcharon
Seinen Ruhm nicht erlangt. — Er spannte den Bogen, Duthulas
Rehe zu fällen. Mein Mahl war einsam. Er ruhte durch sieben
Nächte sein Haupt am Grabe des Vaters. Er sah ihn in Träumen
Dunkel, wie Dämpfe des schilfigen Lego vom Wirbel getrieben —
Endlich nahte sich Colgan, der Sänger des hohen Temora
Sang des Erblichenen Ruhm. Er schwang sich nun heiter zur Höhe.

In der Comala werden deswegen einem Barden Vorwürfe gemacht:

Und du der Höhle zitternder Bewohner!
Du schwiegst von seinem Fall'! Ihn hat dein Geist gesehn
Im Blute seiner Jugend untergehn,
Und dennoch wardst du mein unzeitiger Verschoner.

Es war die Obliegenheit der Söhne für dieses Ehrengedächtnis des Vaters zu sorgen. Wenn sie ihre Schuldigkeit versäumten, und ein Skalde verfertigte dem entseelten Helden für sich einen Lobgesang, so succedirte er ihm auch nach dem Zeugnisse Saxens des Grammatikers in allen seinen Gütern. So sehr sich auch die christliche Geistlichkeit bemühte, diese Gedichte zu vertilgen, t) weil darin sehr viele Ueberbleibsel der heidnischen Denkungsart, des Gözendiensts und der alten Sittenverfas-

t) *Lex Car. et Lud. int. Capit. Franc. L. VI. c.* 193. Illas vero balationes et saltationes, *Canticaque turpia ac luxuriosa*, et illa lusa diabolica non faciat, nec in plateis, nec in domibus, neque in vllo loco: quia haec de paganorum consuetudine remanserunt.

Ad. Brem. in Hist. Eccl. Caeterum naeniae, quae in huiusmodi ritibus libationis fieri solent, multiplices sunt et inhonestae ideoque melius reticendae.

Hincmar. AEp. Remens. in Capit. ad Presbyt. c. 14. Nec plausus et risus inconditos, *et fabulas inanes ibi referre aut cantare praesumat.* Nec turpia joca cum vrso vel tornatricibus ante se facere permittat.

Io. Sarisber. de Nugis Curial. L. I. c. 8.

verfassung enthalten waren, und man jezo die laien mehr an die lateinische literatur gewöhnen wolte; So wenig war sie vermögend, sie gänzlich auszurotten. Klodewig der Große ließ sich vom Könige Theodorich der Ostgothen einen Sänger mit großen Kosten kommen. Karl der Große tt) machte sich starke Sammlungen von den Volksliedern, worin die Thaten und Kriege der alten fränkischen Könige beschrieben waren. u) Er erlaubte einem lombarden, seine Gedichte vor ihm abzusingen. v) Dem h. ludger ward ein Blinder mit Namen Bernlef zur Heilung vorgestellt, den das Volk wegen seiner Geschicklichkeit sehr hochschäzte, die Kämpfe und Kriege der

 alten

tt) *Theod. R. Goth. Epist. ad Lud. R. Franc. ap. Cassiodor. Var.* — Citharoedum etiam ante sua doctum pariter destinauimus expeditum; quiore manibusque consona voce cantando gloriam vestrae potestatis oblectet. Quem ideo fore credimus gratum, quia ad vos eum judicastis magno opere dirigendum.

u) *Eginhard in vita Caroli M. c. 8. n. 34.* Barbara et antiquissima carmina, quibus veterum Regum actus et bella canebantur, scripsit, memoriaeque mandauit.

Poeta Saxo ad a. 814. pag. 168.

Nec non quae veterum depromunt proelia Regum
Barbara mandauit carmina literatis.

v) *Chron. Noualic. L. III. c. 10.* Contigit Ioculatorem ex Longobardorum gente ad Carolum venire et cantiunculam a se compositam de eadem re rotando in conspectu suorum cantare.

alten Könige zu singen w). Der Weihbischof Thegan x) rühmt von Kaiser Ludwig dem Milden, daß er die heidnischen Gesänge, die er in der Jugend auswendig gelernt hätte, im Alter verachtet, und sie weder lesen, noch hören, noch andern mittheilen mögen. Weniger Andächteley findet man bey den Norwegischen Königen, die, obschon sie ebenfalls die christliche Religion angenommen hatten, doch fortfuhren, ihre Prinzen in den Gedichten der Skalden unterrichten zu lassen y). Die Thaten Alboins, Königs der Langbarden, machten sich so berühmt, daß auch die Baiern, Sachsen und andre teutsche Völker ihn in ihren Gedichten besangen z). Auf gleiche Art hatten sich die Begebenheiten Rolands a) und des König Theodorichs des Großen der Ostgothen

w) *Alefrid. in vita S. Ludgeri. L. 2. §. 3. p. 91.* Ludgero oblatus est coecus, vocabulo Bernlef, qui a vicinis suis valde diligebatur, eo quod esset affabilis, et antiquorum actus et regum certamina bene noverat psallendo promere.

x) *de gest. Lud Pii* c. 19 Poetica carmina gentilia, quae in juuentute didicerat, respuit, nec legere, nec audire, nec docere voluit.

y) *Saxon.* praefat. ad Hist. Dan.

z) *Paul. Diacon.* de gest. Langob. L. I. c. 17.

a) Man sang die Cantilena Rolandi in Italien, Frankreich, Spanien und Teutschland. *Du Cange* in Gloss. med. aeui h. v.

then in Teutschland erhalten, fortgepflanzt und verewigt. Noch im XV. Jahrhunderte traf der Päbstliche Staatssecretaire Theodorich von Niem Heldengedichte von ihnen in Teutschland an, b) und eben dasselbe geschah auch nachher von Jakob von Königshofen c). Wir habens uns also nicht zu verwundern, wenn der Geschichtschreiber des h. Anno Erzbischofs von Köln d) eine Menge von solchen Epopöen gesehen hat:

Wir horten je dikke singen,
Von alten Dingen:
Wie snelle Helede vuchten,
Wie sie veste Burge brachen.
Wie sich liebin wiuniscefte schieden,
Wie riche Künige alzo giengen.

Bischof Pilgrim von Paßau, der 991. gestorben ist, ließ von einem teutschen Dichter das Leben des Markgrafen Rüdigers von Pechlarn in Verse bringen. Wiguley Hund schenkte 1575. das Manuscript davon der churfürstlichen Bibliothek zu München, wo

b) L. III. Schismat. 8.

c) Strasburg. Chronik. Doch seid Dietherich von Bern, von dem die Pauren viel singent und sagent, der ist ein Künig gewesen über ein Teil des vorgenanten Volks. — — Aber wie Dietherich von Bern und sein Meister Hiltebrand vil Würm und Tracken erschlagen, und wie er mit Ecken dem Riesen streit, da schreibet kein Meister von, darum ist es Abetheur.

d) ap. *Schilter* in Thesauro Antiquit. Teuton. Tom. I. pag. 2.

es aber nachher wieder verloren gieng e). Zur Zeit Konrads von Lichtenau, Abts von Auersberg, waren noch Volkslieder von den Begebenheiten der drey Baierischen Pfalzgrafen Erbos I. Erbos II. und Botos vorhanden f). Diese Gedichte wurden oft umgearbeitet, und verbessert und verändert. Theils geschah es von den Geistlichen, um sie von ihren heidnischen Schlacken zu reinigen, uud sie mit christlichen Fabeln auszuschmücken, theils von den Minnesängern, die sich im XII. Jahrhundert durch die Troubadours an die Sarazenische Romanen hatten gewöhnen lassen, und nun nach diesem Geschmack die vaterländische Epopöen umformten.

Bis ins XV. Jahrhundert gab es in allen Europäischen Staaten gewisse Meistersänger, die die alten Volkslieder für Geld absangen g). In einer Mailändischen Chronicke des XIII. Jahrhunderts heist es, die Schauspieler hätten sich auf dem Theater so hören lassen, wie sie h) von Roland und Holger zu singen pflegten. In einem Satut der Stadt

e) *Hansiz.* in German. Sacra Tom. I. pag. 206.

f) *Chron. Vrsperg. p.* 257. Erbo et Boto — illius famosi Erbonis posteri quem in venatu a bisonte Bestia confossum, vulgares adhuc cantilenae resonant.

g) *Muratori* Diss. XXIX de Spectaculis et Lud. publ. med. aeui, Tom. II. Antiqu. Ital. pag. 844.

h) *cit. l.* Super quo Histriones cantabant, sicut modo cantantur de Rolando et Oliverio.

Stadt Bologna von 1288 wird den französischen Sängern verboten, auf öffentlicher Straße zu singen i). Zur Zeit Johanns von Salisbury, Bischofs von Chartres, waren die Höfe mit solchen Poeten angefüllt, wogegen er seinen geistlichen Eifer sehr stark ausließ k). Beym Landgrafen Hermann von Thüringen hielten sich zu Anfang des XIII Jahrhunderts beständig 5. bis 6. Hofdichter auf, die sämtlich gute Edelleute waren, als Heinrich der Schreiber, Walther von der Vogelweide, Reinhard von Zwerchstein, Wolfram von Eschenbach, Johann Pitterolf und Heinrich von Ofterdingen. Sie stellten auf der Wartburg mit einander verschiedene Wettgesänge an l). Nicht lange hernach geschah ein noch größerer Wettgesang von CXLV. Dichtern, davon die Vornehmsten König Konrad III. Markgraf Otto mit dem Pfeile von Brandenburg, König Wenzeslaus von Böhmen, Heinrich Mark-

 graf

i) *Ghirardacci in Hist. Bonon. ad. a.* 1288. Vt cantatores francigenorum in plateis communis ad cantandum omnino morari non possint.

k) *de nugis Curial. L. I. c. 8.* At nostra aetas prolapsa ad fabulas, et quaevis inania, non modo aures et cor prostituit vanitati, sed oculorum et aurium voluptate suam mulcet desidiam. Nonne piger desidiam instruit, et somnos prouocat instrumentorum suauitate, aut vocum modulis, hilaritate canentium aut fabulantium gratia.

l) Excerpt. Chron. Ms. Thuring. ad a. 1200. ap. *Senckenberg.* in Vision. de collect. Leg. Germ. p. 156.

graf von Meißen, Johann Herzog von Brabant, Konrad Burggraf von Kirchberg ꝛc. Ihre Lieder wurden hernach von den Maneßis in Zürich aufgesammelt m). In der Epopoe zeichnete sich unter Kaiser Friedrich I. ein gewisser Ritter Hartmann aus n), der den Stoff seines Gedichts aus ältern Schriften genommen hatte o).

Wolfram von Eschenbach p) war am fleißigsten in der Nachahmung der Troubadours, und in Samm-

m) *Car. Michaeler* Tabulae parall. ant. Teut. Lingu. dialect. Oenip. 1776. pag. 260. sqq.

n) Vid. Carmen ap. *Michaeler* cit. l. p. 290 sqq.

o) Ain Ritter, der gelert was
Und der es an seinem Puche las -- --
Der dichtet diz Mare.

p) Eschilbach im Museum 1780. Jenner St. I. S. 31.
Ze dolet verworfen ligen vant,
Kyot der Meister wol bekant,
In heidenscher Schriste
Dirre Aventüre Gestifte.

——— ———

Kyot ist ein Provenzal,
Der die Aventüre von Partzival
Heidenisch geschriben sach.
Was er in franzoys gesprach,
Bin ich nicht in witzen las
Das sag ich in teutschem fürbas,

——— ———

Kyot

Sammlung der alten Bardenlieder. Er nahm den Stoff von vielen Gedichten aus dem Provenzalen Kyot, der wiederum die Arabischen Dichter ausgeschrieben hatte. Aechte vaterländische Geschichte ward nun mit Sarazenischer und christlicher Dichtung verwebt. Daher rührt es, daß oft eine und dieselbe Sammlung der teutschen Volkslieder sich nach den verschiedenen Zeitaltern so ungleich ist. Wenn wir die besäßen, welche Karl der Große gemacht hat, so würden wir lauter ächte Thatsachen bekommen. Allein wir besizen bloß noch ihre Erneurung unter Kaiser **F r i e d r i c h** I. Sie ist jezo vom Professor Müller zu Berlin, wiewohl sehr unvollkommen, unter ihrem alten Namen die Niebelungen edirt worden, wozu aber das andere Gedicht die Criemhild gehört q). Ein neuerer Literator könnte sie sehr aus der Isländischen Uebersezung Nyflunga Saga verbessern, die Peringskiöld herausgegeben hat r). Diese rührt von dem Gesandten des Norwe-

Kyot der Provenzale
Flegetanys der Parlürr
Heidensch von dem Grale
Und franzoys tuont üch krut vil Aventüre,
Daz wil tütschen, wil es mit Got nu konden.

q) Der Niebelungen Liet. Ein Rittergedicht aus dem XIII. oder XIV. Jahrhundert zum erstenmal aus der Handschrift ganz abgedruckt. 1782.
Criemhild Rache. Zürich 1757.

r) Suhm von den Schwierigkeiten bey der Bearbeitung der Dänischen und Norwegischen Geschichte, in den Abhandl. der Akad. zu Kopenhagen, Th. I. S. 422.

wegischen Königs Hagen Hagenson her, der bey seiner Ueberlieferung der Prinzeßin Christina sie in Spanien absingen hörte, zu Papier brachte, und in die Isländische Sprache übersezte. Heinrich von Osterdingen nahm mit einer andern Sammlung Heldengedichte im XII. Jahrhunderte ebenfalls eine neue Veränderung vor, verbeßerte die Sprache nach der Mundart seines Zeitalters, und fügte ihr noch abenteuerliche Erdichtungen bey s). In diesen Sammlungen, die gleichsam einen kurzen Begrif von den ältesten teutschen Heldenliedern enthalten, befinden sich die Begebenheiten meines Dichters berührt. Die spätern Heldengedichte blieben einzeln, und es erschienen von Zeit zu Zeit neue. Um das Jahr 1180 kamen die Begebenheiten Herzog Ernsts von Baiern ans Licht, die Graf Berthold III. von Andechs vom Abt Rupert von Tegernsee entlehnte, um sie abschreiben zu lassen t). Anderer will ich nicht erwehnen, sie sind zu bekannt. Aus den ältesten Gedichten, die lauter ächte historische Monumente waren, wurden die folgenden Chronicken und Geschichtsbücher

s) *Freher.* in Origin. Palat. P. II. pag. 62. Küttner Charaktere teutscher Dichter und Prosaisten S. 50. 51. Siehe Heinrich Osterdings Heldenbuch. Frankfurt am Main 1560.

t) *dipl. ap. Pez. Thesaur. Anecdot. P. II. p. 13.* Rogo concedas mihi libellum Teutonicum de Herzogen Ernesten, donec velocius scribatur mihi, quo perscripto continuo remittetur tibi.

bücher entworfen u). Ein Mönch, Namens Theodarich, (lebte ums Jahr 1130) beschrieb zuerst die Norwegische Geschichte aus dergleichen Poetischen Erzehlungen. Auf eben die Art sammelte der Mönch Oddus seine Nordische Geschichte aus den Erzehlungen verschiedener Personen männlichen und weiblichen Geschlechts. Er verfuhr dabey gerade so v), wie heutzutage Macpherson in Ansehung der Gedichte Ossians verfahren ist. Und auch der dänische Geschichtschreiber Saxo verfertigte seine Geschichte aus den ältesten Isländischen Sagen w). Noch deutlicher sagt Snorro Sturleson, daß er seine Geschich-

u) *ap. Bartholin. p.* 191. Pauca haec de antecessoribus nostris, rudi licet stylo, vt potuiperstrinxi, non visa sed audita retractans.

v) *in vita Olai Trygguas. in fine.* Hanc historiam narrauerunt mihi Asgrimus Abbas Vestlidae filius, Biarno sacerdos, Bergthori filius, Gellir Thorgilsi filius, Herdis Davidis filia, Ingunna Arnari filia. Hi historiam Olai Regis ita me docuerunt, quemadmodum eam jam tradidi. Et librum hunc monstraui Gitsueo Halli filio, atque ad eius monitiones eum reuidebam, quas pro certioribus deinceps retinuimus.

w) *Saxo Grammat. in praefat. Hist. Dan.* Quorum thesauros historicarum rerum pignoribus refertos curiosius consulens, haud paruam praesentis operis partem ex eorum relationis imitatione contexui: nec arbitros habere contempsi, quos tanta vetustatis peritia callere cognoui.

schichte aus den Gedichten der Skalden zusammengetragen habe x).

Ich glaube, diese Stellen beleuchten hinlänglich die historische Glaubwürdigkeit meines Gedichts. Es ist ebenfalls Eines von den ältesten historischen Gesängen, aus welchen die Geschichtsbücher sind zusammengetragen worden. Daß es aber einige Anekdoten enthält, wovon die übrigen Schriftsteller nichts wissen, darf uns bey dem gleichzeitigen Mangel an Nachrichten nicht befremden. Wenn wir aus dem V. und VI. Jahrhunderte ausführliche Welthistorien hätten, und nicht bloß, wie es der Fall ist, nur abgerißene unvollkommene Fragmente davon; dann wären wir berechtigt, alle Erzehlungen, die darinn nicht enthalten sind, für Fabeln auszugeben. Allein bey diesem Umstande, und da uns die Alten nur ein großes Verzeichnis von verloren gegangenen Geschichtschreibern dieses Zeitalters hinterlassen haben; die Geistlichkeit aber so emsig bemüht gewesen ist, das Andenken aller Volkslieder als heidnische Barbarey auszulöschen, würden wir unsere historische Beurtheilungskraft auf einer sehr unvollkommenen Seite darstellen, wenn wir ein Monument deswegen,

x) *in praefat. ad Chron. Norvag.* Quod in his carminibus, quae coram ipsis principibus eorumque filiis cantata fuerunt continetur, ei nostram narrationem praecipue superstruimus, omniaque quae in iis carminibus traduntur, de ipsorum rebus gestis et praeliis pro veris habemus.

wegen, weil es unbekannte Begebenheiten enthält, verwerfen wolten. Indeß ist dieses doch von zween der größten Gelehrten geschehen. Es war Markward Freher und Ludwig Anton Muratori, die seine Aechtheit geradezu verwarfen. Allein beide Männer hatten weder das Gedicht nach seinem ganzen Inhalte durchlesen, noch darüber solche kritische Untersuchungen angestellt, wie ich in meinem Commentar, davon diese Abhandlung eine Skize ist, gethan habe. Ich glaube nun dreiste behaupten zu dürfen, daß von keinem einigen historischen Monumente, das wir aus dem Mittelalter besizen, die historische Glaubwürdigkeit so überzeugend ist dargethan worden, wie es hier von mir geschehen ist; und wenn man noch ungewiß bleibt, so muß man die Ungläubigkeit eines Harduins besizen, und alle historische Treue schlechterdings bezweifeln. Nur wünschte ich, daß man in diesem Falle mir einige Gegengründe vorzeigte, die meinen Beweisen entgegenzusezen sind. Ich werde nicht ermangeln, alle meine Aufmerksamkeit darauf zu richten, und daferne sie mich belehrten, es der Welt öffentlich zu bekennen. Verzeihen aber wird man mir es, wenn ich gewisse Gemeinsäze, die zumal die äußerste Unwissenheit verrathen, nicht achte, und unbeantwortet laße.

Ohngeachtet der Verfasser ohne alle Maschinerie mit historischer Treue ohngefehr im Geschmacke Lukans dichtet, so ahmt er doch im Ausdrucke, in der

Or-

Orthographie und in der Versifikation Virgilen nach, dem er zuweilen ganze Verse abborgt, wie z. B. V. 724.

O Vir clare, tuus Cognatus et arcis amator
Pandare, qui quondam jussus confundere foedus
Tu medios telum torsisti primus Achivos.

mit Virgilii Aeneid. L. V. v. 496. verglichen. V. 839.

Clypeus superintonat ingens

mit Aeneid. L. IX. v. 709. V. 874.

Et: longum formose, Vale! singultibus edit.

mit Bucol. L. III. v. 79. V. 402.

Afferat euinctum ceu nequam forte liciscam.

und V. 1229. — — ex queis de more Liciscae
Dentibus infrendens rapidis latrare solebas.

mit Bucol. Ed. III. v. 18. V. 325.

Stat sonipes et frena ferox spumantia mandit.

mit Aeneid. L. IV. v. 135. V. 455.

— Calcemque terit jam calce —

mit Aeneid. L. V. v. 324.

Sein Styl wird an etlichen Orten, wo er ganze keltische und altgermanische Wörter und Redensarten einmischt, etwas barbarisch. V. 145.

Vestra quidem pietas est, quod modici famulatus
Causam conspicitis. Sed quod mei Sergiamenti
Intuitu fertis, nunquam meruisse valerem.

Zu teutsch: Es ist zwar huldvoll von Euch, wenn ihr meine geringen Dienste ansehen wollt, aber was ihr

ihr mir zur Bestallung, (oder in Rücksicht der Belohnung) anbietet, werde ich nie zu verdienen im Stande seyn. Dieses ist der wahre Sinn der Stelle, die Biester y) nicht verstehen konnte, und die D. Nösselt weit besser entzieferte z). Einen anderer Ausdruck, der D. Biestern eben so räthselhaft schien, enthält V. 468.

Congaudete mihi jubeo, quia talia vixi.

und heist nach teutscher Art: Ihr sollt euch mit mir freuen, das ich das erlebt habe. Nicht allein aber gebraucht er viele Germanismen, sondern er bediente sich auch an verschiedenen Orten der Hebraismen und biblischen Redensarten. z. E. V. 109.

Virgo etiam captiua Deo praestante supremo
Reginae vultum placauit.

wovon Parallelstellen beym Jornandes a), im Leben der h. Bathild b) und häufig im Theodosiusischen Gesez-

y) in meiner Ausgabe des Gedichts, pag. 14.

z) in den Hallischen Anzeigen 1780. St. 61. S. 484.

a) *De reb. Get. p.* 484. In quo conjuncta Aniciorum gens cum Amala stirpe spem adhuc vtriusque generis *Domino praestante* promittit.

b) *Vita S. Bathild. Reginae* c. I. Forma corporis grata ac subtilissima et aspectu decora, vultu hilaris et incessu grauis, et cum talis esset, fuit omnino grata principi, *vt inuenit gratiam in oculis eius.*

Gesezbuche c) vorkommen. An einem andern Orte v. 74. wird die Hildgund von ihm -- Pulcherrima Gemma parentum genennt. Dergleichen Ausdrücke in den gleichzeitigen Denkmälern häufig enthalten sind. In der Litaney der h. Radegond d), der thüringischen Prinzeßin, heist sie Gemma Galliae pretiosissima, und: Gemma Diadematis Christi. In ihrer Lebensbeschreibung von der Nonne Bandomina e) sagt Christus im Traume zu ihr: Tu gemma nobilis noueris in capitis mei diademate esse e gemmis primariis vnam, und die h. Königin Bathild heist optima Dei margarita f). Dis sind lauter Beweise, daß mein Schriftsteller im VI. Jahrhunderte gedichtet hat. Allein er weiß diese Schlacken seines Zeitalters wiederum durch gutgewählte Vergleichungen und feurige Deklamationen zu vergüten. Wir wollen einige meist nach der Molterischen Uebersezung, obschon sie das Original an Schönheit nicht erreicht, hören.

Der edle Franke Hagano bricht beym Anblicke seines Neffen, der bey seiner frühen Jugend mit dem Aquitanischen Helden einen Zweikampf aufnehmen will, in diese Klagen aus:

854.

c) *M Io. Aug. Wolf* Diss. de latinitate Ecclesiastica in Codice Theodosiano. Lips. 1774. Sect. Pr. §. 4. 8

d) Dans les preuves de Litanies de S. Radegonde par *Iean Filleau*, A Poictiers 1643. pag. 33.

e) c. 20.

f) Vita S. Bathild. R. c. I.

854. O vortex mundi, fames insatiatus habendi
Gurges auaritiae cunctorum fibra malorum!
O vtinam solum glutires, dira, metallum
Diuitiasque alias, homines impune remittens
Sed tu nunc homines peruerso numine perflans
Incendis, nullique suum jam sufficit. Ecce
Non trepidant, mortem, pro lucro incurrere turpem
Quanto plus retinent, tanto sitis ardet habendi.
Extremis modo vi, modo furtiue potiuntur;
Et, quod plus renouat gemitus, lacrimasque ciebit
Coeligenas animas Erebi fornace retrudunt.
Ecce, ego dilectum nequeo reuocare nepotem;
Instimulatus enim de te est, o saeua cupido!
En coecus mortem properat gustare nefandam,
Et vili pro laude cupit descendere ad vmbras.
Heu mihi! care nepos, matri quod perdite mandas?
Quis nuper ductam refouebit, care, maritam,
Cui nec raptae spei pueri ludicrum dedisti?
Quis tibinam furor est? vnde haec dementia venit?

Molter hat S. 49. diese Stelle so übersezt:

O Wirbelwind der Welt! Nie satte Habsucht!
Des Geizes Strudel! alles Uebels Quell!
Verschlängest du, o Ungeheuer, nur
Das glänzende Metall und allen Reichthum,
Und ließest doch die Menschen in der Unschuld.
Allein nun zündet dein ungöttlicher Hauch
Die Herzen an, und keinem gnügt das Seine.

Sie beben dem Gewinst zu Liebe nicht
Vor einem hohnerfüllten Tode zurück.
Je mehr sie haben, desto heißer brennt
Der Durst zu haben. Alles reißen sie
Verstohlen oder mit Gewalt an sich,
Und was mehr Aechzen und mehr Thränen auspreßt,
Sie stoßen in die Hölle für den Himmel
Geschaffne Seelen. Sieh! ich selbst kann meinen
Geliebten Neffen nicht abwendig machen.
Von dir, unselige Begierde, wird
Er angespornt. Blind den abscheulichsten
Tod hier zu schmecken, eilt er, und um schnödes
Lob steigt er in das Reich der Schatten hinab.
Weh mir! geliebter Neffe, was läßt du
Verlorner deiner Mutter sagen? Wer
Wird deine jüngstgetraute Gattin schüzen?
Der du auch nicht die Spiele geraubter Hofnung
Von einem Sohn gabst. Welche Raserey
Ergreift dich, Liebster! Woher kömmt der Unsinn?

Schon hatte der Aquitanische Prinz Walther dem Könige Günther vom rheinischen Franzien acht aus seinem Gefolge in einzelen Kämpfen niedergemacht. Man entschloß sich daher, ihn mit einer gewissen Waffe, die den Franken eigenthümlich war, und Ango hieß g), anzugreifen, um zu versuchen, ob man ihn nicht aus seiner vortheilhaften Stellung bringen könnte, die er unter der Oefnung einer Höhle im Wasgauischen Gebirge genommen hatte. Es war dieses Gewehr, das uns Suidas, Eustathius und

g) *Beat. Rhenan* Institut. rer. Germ. L. II. p. 341. nennt sie einen fränkischen Haacken.

und Agathias Scholasticus beschreiben h), ein Drey-zack mit Widerhaacken i) bewafnet, der, gegen den Feind geschleudert, entweder im Leibe stecken blieb, woraus er, ohne den plötzlichen Tod unter den hef-tigsten Schmerzen zu bringen, nicht mehr heraus-gezogen werden konnte, oder sich bloß am Schilde an-spießte, woraus man ihn eben so wenig zu befreyen ver-mochte, und da er diesen durch seine Schwehre vor-wärts beugte, den obern Theil des Leibes aller Ver-wundung blosstellte. In der Form wird er vom Aga-thias angegeben. Unser Dichter aber bemerkt den besondern Umstand, daß er mit einem Seile versehen gewesen, den die Umstehenden gehalten, und da-durch den Feind, in dessen Rüstung er sich einmal eingesenkt gehabt, mit vereinten Kräften zur Erde niedergerissen hätten.

V. 981. Insertum triplici gestabat fune tridentem,
Quem post terga quidem stantes socii tenuerunt,

h) Die Stellen siehe in meinem Commentar. de prima Exped. Attilae Hunn. R. pag 54.

i) Apollin nennt sie *L. IV. Ep.* 20, Lanceas vncatas, unser Dichter aber Tridentem. Fustis anceps in den *Capitul L. II. c.* 89. Constituimus, vt nostri ob resistendam impietatis malitiam armati veniant, i. e. qui potest habere, cum lorica et scuto, ancipite at-que fuste. Nach der Beschreibung des *Agath.* In supe-riori autem parte circa ferri aciem ipsam recuruae extant vtrinque tanquam hami laminulae quædam coaceruatae peracutaeque et ad ipsius teli partem in-feriorem deuergunt.

Consiliumque fuit, dum cuspes missa sedaret
In Clypeo, cuncti pariter traxisse studerent,
Vt vel sic hominem dejecissent furibundum.
V. 1001. Certabant hostes hortabanturque viritim
Vt si nequirent ipsum detrudere ad arunn
Munimen clypei saltem extorquere studerent.

Man sieht also, daß der Jesuite Daniel k), der bloß seine Zeichnung von der Beschreibung des Agathias hernahm, die Figur nicht recht getroffen hat, und daß jetzo eine bessere und richtigere gegeben werden kan. Doch diese Berichtigung ist gegenwärtig nicht meine Absicht, sondern wir wollen ein gewisses Gleichnis unsers Poeten kennen lernen. Walther wird mit jenem Mordgewehre von seinen Streitern angegriffen, die auch so glücklich sind, ihm den Mittelpunkt seines Schildes zu spalten, und den Drezzack fizen zu machen. Nun ziehen sie mit vollen Kräften, um ihm wenigstens, wenn er nicht zu Boden geworfen werden könnte, den Schild zu rauben, und ihn dadurch wehrlos zu machen. Allein vergebens war alle ihre Anstrengung. Denn er stand, und blieb unbeweglich, wie der Dichter sagt:

Sed tamen hic intra velut Ascilus astitit heros
Qui non plus petit astra comis, quam tartara fibris
Contemnens omnes ventorum immota fragores.

Hat er hier nicht glücklicher Homeren Iliad M. 137. erreicht, als Virgil Georg. L. II. v. 290. und Sili-

k) Hist. de la Milice Francoise, Tome I. page 4. Tab. II.

us Italicus Punicor. L. V. v. 480. Ich berufe mich auf das Urtheil der Kenner. Mehrere vorzügliche Stellen will ich bey der Beschreibung des ganzen Inhalts des Gedichts auszeichnen.

Walther, ein Sohn Alphers, eines Fürsten l), oder wenn man will, Königs von Aquitanien, war von seinem Vater mit Hildgund, der Erbtochter Herrichs, eines Königs von Burgund, der seinen Siz zu Chalons sür Saone hatte, verlobt. Attila brach um das Jahr 450. mit seinen Hunnen in das fränkische Reich ein, und zwang dessen König Gibicho, ihm Tribut zu zahlen, und zur Versicherung, da der eigene Sohn Günther noch zu jung war, ihm einen andern edlen Franken von Trojanischer Abstammung, Namens Hagano, zum Geisel zu geben. Er gieng darauf über die Arare und Rhone, und nöthigte Herrichen, König von Burgund, zur gleichen Unterwürfigkeit und zur Auslieferung seiner Tochter Hildgund. Endlich wand er sich westwärts nach Aquitanien, gegen den König Alfere, der sich ohne Widerstand auf gleiche Bedingungen mit ihm verglich, und seinen Sohn Walther ebenfalls zu Geißel auslieferte. Mit dieser

 Beute

l) *in Chron. Monast. Novalic. L. II. c* 7. Dicitur autem in hoc monasterio prisco habuisse tempore monachum quendam olitorem, nomine Waltharium, nobili ortum stegmate ac Regali procreatum sanguine. c. 12. Obiit interea vir magnanimus atque inclitus Comes et athleta Waltharius.

Beute kehrte Attila nach Pannonien zurück. Aber nachdem Gibicho gestorben war, und Günther den väterlichen Thron bestiegen hatte, so hob dieser alle Verbindungen mit den Hunnen auf, und weigerte den Tribut. Daher fürchtete Hagano in die Sklaverey zu gerathen, entfloh und begab sich ins Vaterland zurück. Nun sucht sich Attila auf den Rath der Gemahlin Ospiru den Walther besser zu versichern. Er macht ihm große Verheißungen, und will ihn durch die Vermählung mit einer Hunnischen Dame ganz feßeln. Walther, der schon längst auf seine Flucht dachte, weis dieser Schlinge klüglich auszuweichen, und entschuldigt sich, wie ihn bey einer solchen Aenderung der Lebensart, der Landbau und die Hauswirthschaft allzusehr an seinem Dienste verhindern würden:

Nur deine Huld ist es, wenn, König, Du
Auf meine schwachen Dienste blikst. Doch was
Du zur Belohnung mir bestimmst, vermag
Ich niemals zu verdienen. Nur bitt' ich,
Vernimm Herr, deines treuen Knechtes Worte.
Erwähl' ich, wie du willst, mir eine Braut,
So bindet mich in meines Königs Dienst.
Auch muß ich Feld und Häuser baun, und dieß
Hält mich von den dem Herrn gebührenden
Aufwartungen und höhern Sorgen ab,
Die dieses Reich von mir zu fodern befugt ist.
Wer einmal Wollust schmeckt, kan Fleiß und Arbeit
Nicht dulden. Mir ist nichts so schmeichelhaft,
Als stets dem, der gebeut, gehorsam und treu
Zu seyn. Daher fleh' ich, erlaube mir

Ohn' eheliches Band mein Leben zu-
Zubringen. Wenn du spät um Mitternacht
Befiehlst, geh ich bereit und sicher, wohin
Du willst. Nichts darf im Krieg zum Weichen brin-
gen.
Kind, Weib und alle Sorgen müssen da
Zurückstehn, und uns nie zur Flucht bewegen.
Bey deinem Leben selbst, o beßter Vater,
Bey diesen nie besiegten Pannoniern
Beschwör' ich dich, dring weiter nicht in mich
Die Hochzeitfackeln ungern anzuzünden.

Welch ächte antike Volkssitte! Wo noch der Thronerbe gleich einem Landmanne der heutigen Welt mit dem Feldbaue beschäftiget ist! Wem ja noch das: Aedificare domos cultumque intendere ruris Cogor etwas unwahrscheinlich deucht, der beliebe das Kapitulare Karls des Großen de Villis nachzulesen. Kan uns je was mehr interessiren, als solche Gemählde von der ursprünglichen Einfalt unsrer Väter zu sehen, und Züge von der Reinigkeit ihrer Sitten zu lesen, die nur selten in eine Roheit ausarten!

Eine barbarische Nazion fällt von den Hunnen ab. Walther bekömmt beym Feldzuge gegen sie den Oberbefehl. Er thut Wunder der Tapferkeit, und die Beschreibung dieser Hunnischen Schlacht ist bemerkenswerth. Daher ich sie nach der Molterischen Uebersezung hier einrücken will:

Schnell hört er, daß ein unterjochtes Volk
Sich aufgelehnt und schon gerüstet habe,

Die Hunnen selbst mit Krieg zu überziehen.
Man trägt den Feldzug Walthern auf. Sogleich
Wird alles Volk gemustert. Um den Muth
Bey seinen Kriegern zu erwecken, ermahnt
Er sie, der alten Siege eingedenk,
Mit der gewohnten Tapferkeit Tyrannen
Zu bändigen, und manches fremdes Reich
Mit Schrecken zu erfüllen. Unverweilt
Folgt ihm das ganze Heer. Schon sucht er
Das Schlachtfeld aus, und stellt die Schaaren auf
Den weitgedehnten Ebenen in Ordnung.
Schon standen beide Heer' auf einen Pfeilschuß
Einander im Gesicht, als überall
Her das Geschrei sich in die Luft erhebt.
Die Kriegsposaunen mischen unter sich
Die Schreckenvolle Stimm; es fliegen hin
Und her stets dichte Spieße von Esch' und Hagdorn;
Es blinken eherne Spizen, gleich dem Bliz,
Und wie der Nord gerollten Schnee umherstäubt,
So schossen sie die blutbegierigen Pfeile.
Zulezt als beide Heere das Wurfgewehr
Verbraucht, ergrif des Kriegers Faust das Schwerdt;
Man zog die blizenden Säbel und ergrif
Den Schild; die Treffen stellten sich aufs neue;
Die Rosse stossen Brust an Brust, und stürzen
Sich schmetternd. Viele stößt der Buckel des Schildes
Zu Boden. Mitten durch die Schlacht rauscht Walther
Daher und würgt, was ihm entgegensteht.
Die Feinde sehen die große Niederlage,
Als sähen sie den gegenwärtigen Tod;
Wohin er seine Faust reckt, fliehen sie
Mit umgekehrtem Schild, verhängten Zügeln.

Dem Feldherrn ahmt der Hunnen größtes Volk
Nach, stürzt, die sich ihm widersezen, hin,
Zertritt die Flüchtigen, bis es durchs Glück
Des Kriegs und Tapferkeit den Sieg davon trägt.
Es wirft sich über die Erwürgten her,
Und plündert sie, bis das gekrümmte Horn
Dem ganzen Heer den Abzug gebeut. Zuerst
Umband mit einem festlichen Reiß sich Walther
Die Stirn' und mit dem Siegslorbeer die Schläfe
Des Volks, nach ihm die Fähndriche; dann folgt
Die übrige Jugend. Also kehren sie
Mit triumphalischer Pracht ins Vaterland
Zurück, und jeder zog in seinen Wohnsiz.

Nach seiner Rückkunft bietet er insgeheim der Hildgund die Hand an, und redet mit ihr die Flucht ab. Zu dem Ende veranstaltet er ein prächtiges Gastmal, worauf er den Attila mit den Grossen des Reichs bewirthet, und sie allerseits berauscht. Die Beschreibung dieses Hunnischen Gastmals ist zwar demjenigen vollkommen ähnlich, welchem der Byzantinische Gesandte Priskus m) beygewohnt hat, wie ich es in meinem Commentar n) aus der Vergleichung beider Nachrichten gezeigt habe. Es enthält aber doch noch einige Umstände, die Aufmerksamkeit verdienen, und seine Beschreibung ist weit ausführlicher gerathen, als jene vom Priskus. Also nach Molters Uebersezung:

— — Es herrscht die Schwelgerey
Auf allen Tischen. Der Hof war überall

Mit

m) in excerpt. legat. pag. 63. sqq.

n) pag. 21. seqq.

Mit prächtigen Decken umhängt. Der König tritt
Herein; der edle Held neigt sich vor ihm
Mit der gewohnten Ehrfurcht, und führt ihn
Zum Thron, den er mit Byssus und Purpur zierte.
Er sezt sich, und läßt zween Herzoge zu sich
Auf beiden Seiten sizen. Jedem andern
Weist selbst der Hofbeamte das Lager an.
Bey Hunderten läßt die Gesellschaft sich
An Tafeln nieder. Von so häufigen
Gerichten kostend schwizt der Gast, und man
Trug sie kaum ab, so wurden andere
Zu essen aufgetragen. Ein niedliches
Gemisch glüht in dem herrlichsten Gold; Gefäße
Von Gold stehn überall auf Teppichen
Von schimmerndem prachtvollen Byssus da,
Und Bacchus ziert die schöngefärbten Becher.
Die Ansicht und die Süßigkeit des Tranks
Reizt jeden an, zu zechen. Walther fordert
Zum Wein und zu den Speisen alles auf.
Des Gastmals Stille hört bald auf: man hebt
Die Tafeln weg, und unser Held tritt fröhlich
Vor den Beherrscher hin, und spricht: ich bitte
Herr, laß jezt deine Gnade blikken, und
Sey den Anwesenden ein Beyspiel, sich
Mit dir zu freuen. Auf dieses Wort reicht er
Ein kunstreich Trinkgefäß, worauf die Thaten
Der Seligen geschnizt erschienen, ihm.
Der König trinkt es aus auf einen Zug;
Zugleich befiehlt er allen übrigen
Ihm nachzutrinken. Es laufen hin und her
Die Schenken, bringen volle Becher, und nehmen
Die leeren weg; denn ihren Eifer beflügelt
Der Zuruf ihres Königs und des Gastherrn.
Schon herrscht die Trunkenheit am ganzen Hof

Auf-

Aufbrausend; in dem naßen Gaumen lallt
Die eingegossene Beredtsamkeit.
Du soltest hier die starken Helden auf
Den Füßen taumeln sehn! Sich stets bewußt
Verschwendet Walther so bis in die späte
Nacht die Geschenke des Bacchus, und zog manchen
Der weggehn wolte, zurück, bis von der Macht
Des Weins gedrückt, vom Schlaf belastet
Sie hin und her in den bedeckten Gängen
Auf bloßem Boden gestreckt und sinnlos lagen.

Ich will dieser Beschreibung hier eine andere o) beyfügen, woraus man sieht, daß in der damaligen Zeit unter den verschiedenen Völkern ziemlich einerlei Sitten geherrscht haben. p).

Mox

o) *Ermoldi Nigelli* Carm. eleg. de reb. gest. Lud. Pii L. IV. ap. *Muratori* Tom. II. Script. Ital. P. II. pag. 73. et ap. *Langebeck* Script. rer. Dan. Tom. I. p. 416.

p) Noch deutlicher zeugt diese Stelle bey Nigell. cit. l. p. 71.
Interea reuerenter opes parabantur heriles
Atque cibi varii, multimodumque merum
Pistorum Petrus hinc princeps, hinc Gunto coquorum
Accelerant, mensas ordine more parant.
Candida praeponunt niueis mantelia villis.
Marmoreo disco disposuere dapes.
Hic Cererem solitus, hic carnea dona ministrat,
Aurea per discum vasa sedere vides.
Nec minus Otto puer pincernis imperat ardens,
Praeparat et Bacchi munera tenta meri.
Cultibus almificis transactis rite verenter
Venerat vnde prius Caesar abire parat

Au-

Mox manibus lotis Cæsar, ceu pulcra Iugalis
Aurato ecce thoro discubuere simul.
Hlutharius pulcher, Heroldus et hospes amatus
Accumbunt mensae, Rege jubente pio.
Cetera gramineo residet nam rure juuentus
Per nemus vmbriferum corpora lassa fouet.
Pinguia tosta ferunt juuenes mox exta ferarum;
Caesareis dapibus mixta ferina coit.
Aufugit acta fames dapibus; dant pocula buccis,
Pellitur atque sitis ipsa liquore pio.
Lætificatque bonus mox pectora fortia Bacchus.
Lætanter repetunt aulica tecta viri.
Aulai ut venere, fouent mox corda Lyæo,
Et vespertinis pergitur officiis.

Eben so heißt es bey Ossian im Kriege mit dem Tales:
— — Die Muscheln
Wandelten festlich herum, und hundert Eichen empörten
Flammen zur Luft.

Nach

Aureus; et conjunx, proles auratus et omnis
Coetus abit, Clerus denique candidolus.
Inde Pius moderando gradum pervenit in aedes
Quo sibi cæsareo more parantur opes.
Discubuit lætus lateri Iudith quoque pulcra
Iussa, sed et Regis basiat ore genu.
Hlutarius Cæsar, nec non Heroldus et hospes
Parte sua resident, Rege jubente thoro.
Miranturque dapes Deni, mirantur et arma
Cæsaris, et famulos et puerile decus
Ille dies lætus Francis Denisque renatis.

Nach Macpherson tranken die brittischen Kelten aus Muscheln, wie noch heutzutage die Hochländer in Schottland. Ossians Fingal B. VI.

Aber die Seite von Mora sieht jezo die Führer zum Mahle
Alle versammelt. Es lodert zum Himmel die Flamme von tausend
Eichen. Es wandelt die Kraft der Muscheln ins Runde.

Temora B. III. — Da trugst du dein Mahl auf,
Freudig sassen am Brande der Eiche die Fremden und hörten
Sicher den Wind.

Die leztern Stellen sprechen von Jagdmahlen, wobey die Schotten die besondere Gewohnheit hatten, daß sie eine Grube mit Kieselsteinen auspflasterten, dann die Stücke Wildprett darauf legten, sie wiederum mit solchen Steinen bedeckten, und so bis zur Ausfüllung abwechselnd fortfuhren. Endlich ward die ganze Grube mit Reißholze angezündet, oben aber jede Verdampfung verhüthet, welches einen sehr schmakhaften Braten gegeben zu haben scheint. Macpherson lehrt uns das bey dem Verse:

Sogleich zerstreuen sich hundert der Krieger
Reiser zu sammeln. Die glättesten Steine zu wählen Dreyhundert.

Indeß scheinen die Caledonier doch auch beßere Gastmale gehabt zu haben. Temora B. I.

— Verbreitet

Hier

Hier auf Morlena mein Fest. Sie sollen sich rüsten die Menge
Meiner Barden! Rothharigte Okla! du fasse des Königs
Harfe, du mache dich auf, und lade zu meinem Gebothe
Oscar den Führer des Stahls! Heute wollen wir feyern und Liedern
Lauschen, und morgen die Speere zerbrechen. Du sag' ihm: es habe
Cathol ein Grabmal erhalten von mir, es haben die Sänger
Seinen Schatten versöhnt.

Während der Trunkenheit seiner Gäste entfliehe Walther mit der Hildgund und mit den geraubten Schäzen. Attila, da er den andern Morgen diese Flucht und seine Täuschung erfährt, geräth in die äußerste Wuth. Der Dichter zeigt einige psychologische Kenntnis des Menschen, wenn er den Zorn und den Schmerz Attilas über diesen Verlust auf diese Art schildert. Molterische Uebersezung;

Der König wild entrüstet brennt von Zorn,
Sein traurend Herz verflucht das Freudenmahl,
Er reißt den Purpurrock von seinen Schultern
Bis an den untersten Saum entzwey. Sein Geist
Theilt sich bald da, bald dorthin. Wie den Sand
Oft ein Äolischer Sturm umherwälzt, so
Schwebt unstät auch der Fürst in innern Sorgen.
Der ändernden Brust ahmt auch der ändernde Mund
Nach; er verräth von außen, was er in sich
Selbst leidet, und verwehrt der Rede den Ausgang.
Den ganzen Tag ist ihm so Trank als Speise
Ein Ekel, und der Kummer läßt den Gliedern

Nie die geliebte Ruhe zu. Selbst als
Die schwarze Nacht den Dingen ihre Farbe
Nahm, und er auf das Bett sich stürzte, schloß
Sein Aug sich nicht. Bald warf er rastlos sich
Auf diese, bald auf jene Seite hin.
Gleichwie von scharfem Pfeil durchboret zittert
Die Brust; stets wechselt er des Hauptes Lage
Halb aufgerichtet sezt er sich nun schnell
Wie sinnlos auf die Bettstell' und gleich schnell
Springt er auf, läuft die ganze Stadt durch, kömmt
Nach Haus, erreicht das Bett, verläßt es wieder.
So ängstlich bracht er die durchwachte Nacht zu.

In meinem Commentar habe ich mich bemüht, Parallelstellen aus den Nordischen Sagen anzuführen, um zu zeigen, welchen Fleiß die ältesten Schriftsteller angewendet, um die äußern Kennzeichen der Gemüthsbewegungen zu beschreiben. Sie liefern von den Physiognomischen Kenntnißen unsrer Urväter auffallende Beyspiele. Wenn einmal Lavater solche nordische Sagen zu Gesichte bekömmt, so wird er erstaunen, daß unsre ersten Nazionalgeschichtschreiber eine Wissenschaft schon in ihrer Vollkommenheit beseßen haben, an deren Daseyn wir heutzutage noch zweifeln.

Nachdem Walther 14 Tage seinen Weg, wobey er bloß des Nachts reiste, und sich den Tag über verbarg, seinen Unterhalt aber durch den Vogelfang und die Fischerey sich verschafte, fortgesezt hatte, so kam er bey Worms, der Residenz des Königs Günther an den Rheinstrohm. Hier sezte ihn ein Fischer gegen ein paar Fische über den Fluß. Diese fremden Fische, die nachher auf die Königliche Tafel kamen, gaben Gelegenheit zu seiner Auskundschaftung, und Günther sezte ihm mit 12 seiner Gefährten nach, um ihm seine Prinzeßin und den Hunnischen Raub abzunehmen. Walther hatte sich indeß ins Waßgauische Gebirge begeben, und sich dort in einer Höhle des tiefsten Waldes zur Ruhe gelegt, als er von den Franken überfallen wurde. Er verhinderte durch die Verschanzung des Eingangs, daß ihn nie mehr als Einer allein angreifen konnte, und so erlegte er in einzelnen Kämpfen alle Vasallen des Königs bis auf den Hagano, der an dem Treffen aus Achtung für die Tapferkeit Walthers keinen Antheil genommen hatte, sich nun aber durch Günthern ebenfalls bewegen ließ, den Aquitanischen Helden den andern Tag im offenen Felde anzugreifen. Es kam hier zu einem grausamen Gefechte, das sich endlich mit der äusersten Entkräftung der 3 Kämpfer endigte. Günthern waren das Schienbein, die Kniescheibe und die Hüfte gespalten; Walthern die rechte Hand abgehauen, und Haganon das rechte Auge, Schlaf und Lippen mit dem Dolche ausgeschlizt. Walther kam glücklich in seinem Vaterlande an, beherrschte nach des Vaters Tode 30 Jahre die Aquitanier, und führte viele Kriege. Doch dieser Ausgang des Gedichts findet sich nicht in meiner Ausgabe, die nur bis zum 1333. Verse reicht, sondern ist erst nachher vom Bibliothekar Molter aus der Handschrift der

Markgräflichen Bibliothek zu Karlsruhe in Meusels historischer Literatur 1782. Stück IV. bekannt gemacht worden, woraus ich ihn zur Ergänzung meiner Arbeit am Ende dieser Abhandlung anhängen will.

Gleich dem Dänen Holger pp) scheint Walthar einen großen Theil des Erdbodens durchschweift zu seyn. Es findet sich darüber ein anderes uraltes Zeugnis unter den historischen Denkmälern q) dieses Innhalts.

Waltharius fortis, quem nullus terruit hostis,
  Colla superba domans, victor ad astra volans.
Vicerat hic totum duplici certamine mundum,
  Insignis bellis, clarior est meritis.
Hunc Heroa — tremuit quoque torridus Indus,
  Ortus et occasus solis eum metuit.
Cuius fama suis titulis redimita coruscis,
  Vltra caesareas scandit abhinc Aquilas.

Er soll seine übrige Lebenszeit als Laienbruder im Kloster Novalesa zugebracht haben, und in einem hohen Alter gestorben seyn r). Der ungenannte

pp) *Thom Bartholin.* de Holgero Dano qui Car, M. tempore floruit. Hafniae 1677.

q) in Chron. Novaliciens. L. II. c. 7. ap. *Muratori* Tom. II. P. II. Script. rer. Ital p. 704.

r) *cit. Chron. p. 709.* Obiit interea virmagnanimus atque inclitus comes et athleta Waltarius senex et ple-

te Chronist dieses Klosters erzehlt eine Menge ungeräumter Fabeln von ihm, die desto weniger der Wahrheit gemäß sind, als diese Abtey erst in dem Jahre 543. oder 729. errichtet worden ist s), und folglich damals Walther nicht mehr gelebt hat. Wahrscheinlicher ist es, daß er seine lezten Tage als Eremit bey einer Capelle zubrachte t), wo nachher das Kloster Novalesa erbaut wurde. Er ward hier mit seinem mit der Hildgund gezeugten Sohne Rather und mit dem Enkel Rathald begraben u), und seine Gebeine verehrte man noch viele Jahrhunderte nachher als heilig, und erzehlte viele Wunderwerke davon.

Ich will mich jezo bemühen, aus dem Gedichte eine Anzahl Stellen auszuzeichnen, die theils besondere

plenus dierum, quem asserunt nostri multos vixisse annos, quorum numerum collectum non reperi; sed in actibus vitae suae cognoscitur, quibus exstiterit temporibus.

s) *Muratori* in praefat. ad fragm. Chron. Noval. cit. l. pag. 697.

t) *cit. Chron.* Inter alia etiam, quae ipse in eodem gessit Monasterio, fecit siquidem dum, vixit, in summitate cuiusdam rupis sepulcrum in eadem petra laboriosissime excisum.

u) *cit. l.* Qui post suae carnis obitum in eodem cum quodam nepote suo nomine Rathaldo cognoscitur fuisse sepultus. Hic filius fuit Waltarii nomine Ratheris, quem peperit ei Hildegund praenominata puella.

dere Gebräuche und Alterthümer enthalten, und von den Gelehrten noch nicht beobachtet worden sind, theils solche Sitten und Gewohnheiten beschreiben, die nur in diesem Zeitalter, und weder vorher noch nachher üblich gewesen sind, und folglich nicht nur zur Bekräftigung der von mir angegebenen Zeitbestimmung aufs VI. Jahrhundert dienen, sondern auch verschiedene Aufklärungen über die Geschichte der Menschheit und den Ursprung der heutigen Sitten und Rechtsverfaßung geben.

Wenn ein Volk um Frieden bat, oder überwunden worden war, so mußten seine Gesandten waffenlos vor dem Sieger erscheinen. Auf diese Art kamen die Abgesandten des König Herrichs von Burgund vor den Attila, um von ihm durch Geissel und Tribut den Frieden zu erkaufen:

64. Ibant Legati totis gladiis spoliati,
Hostibus insinuant, quod regis jussio mandat.

Bey den Römern mußten die überwundenen Völker bey ihrer Uebergabe die Waffen von sich legen, und die Uebergebung der Waffen war bey ihnen das Zeichen der Unterwerfung v). Eine Ursitte der Menschheit, die gleich andern von einer gewissen ehrwürdigen Gesellschaft noch beobachtet wird. Daher Cäsar w) den Attuatikern antwortete: ohne Aus-

v) *Caesar* de bell. Gall. L. 7. c. 40. L. 3. c. 21. *Livius* L. 6. c. 8. L. 40. c. 41.
w) L. II. c. 31.

Auslieferung der Waffen seye keine bedingte Unterwerfung möglich, und andern Gallischen Völkern sagte er x): die Gewohnheit des Römischen Volkes seye es nicht, mit einem bewafneten Feinde Vergleiche einzugehen. Die von Konstanz überwundenen Sarmaten warfen ihre Schilder und Bogen von sich, und baten mit gefaltenen Händen um Frieden y). Auf gleiche Art kam Fürst Wertizlaus mit allen edlen Slaven zu den Füßen des Herzog Heinrichs des Löwen von Sachsen, und jeder trug sein Schwerdt auf seiner Scheitel z). In Italien erschienen die reuvollen Einwohner einer gewißen Stadt, in einer Hand ihren Degen, und in der andern einen Bündel Ruthen haltend, vor dem Kaiser, und baten um Gnade a). Sich zu entgürten, und seinen Degen unentblößt in der Hand zu tragen, war überhaupt bey den Teutschen der größte Schimpf, und wir sehen die Art, wie es bey Ueberwundenen geschah, auf den gemahlten Tapeten b) abgebildet, welche gewiße Begebenheiten König Wilhelms des Eroberers von England vorstellen. Ich muß mich daher wundern, daß ich der Erste bin, der diese Alterthümer gesammelt hat, und daß sie Obrechten un-

x) L. V.

y) *Ammian. Marcellin.* L. XVII. c. 12.

z) *Helmold.* in Chron. Slav. L. I. c. 92. §. 7.

a) *Taucmar* in vita S. Bernwardi c. 23. ap. *Leibnit.* Script. rer. Brunsw. Tom. I. p. 452.

b) Memoire de Literature Tome VI. p. 739. suiv. et 753. *Montfaucon* Monum. de la Monarchie Françoise. Tom. I. Tab. 46

unbekannt geblieben sind, der doch eine ganze Abhandlung über die ähnlichen völkerrechtlichen Gebräuche geschrieben hat. c) Wer des andern Degenknopf in die Hand nahm, der wurde sein Vasall, d) gleichwie noch jezo die Reichsbelehnung durch den Kuß des Handgrifs des Reichsschwerds geschicht. Auf jenen Tapeten erscheinen die Gefangenen den Degengrif in der Hand haltend, und die Spize gegen die Erde gekehrt, so wie heutzutage noch die Erbmarschalle bey der Kaiserlichen Krönungsprocession zu thun pflegen. Die Kaledonier, die in vielen Gebräuchen von den übrigen Keltischen Völkern abwichen, beobachteten auch hierinn andere Sitten. Sie hiengen ihre Schilder mit Blute besprengt auf, und streckten die stumpfe Lanze vorwärts. Wir haben darüber eine deutliche Stelle beym Ossian im Gedichte Cathlin von Clutha.

In dem erschallenden Busen Carmonas erblickten wir einstens
Segelnd ein Schif. Ein gebrochener Schild hieng luftig mit ihrem
Blute besprenget. Ein Jüngling in Waffen erreichte das Ufer,

c) *Vlr. Obrecht* Diss. Hostis deditius, int. opusc. pag. 373.

d) *Olafs Saga c. 8.* Nuncius capulum gladii Regi obuertit, dicens: hic est gladius, quem vt acciperes, voluit Rex Adalsteinus. Rex manubrium apprehendit. tunc ita nuncius fatur: nunc gladium, ut Rex voluit, cepisti, subditus illius nunc eris, quia capulum apprehendisti. Vid. etiam *Hist. Hrolfi Krag. p. 75.*

Streckte die Lanze der Spize beraubet. Sein thränendes Antliz
Deckten die langen verworrenen Haare. Die Muschel der Herrscher
Both ihm Fingal, und jezo begann er zu sprechen der Fremdling.

Jedoch manchmal warfen sie auch in dieser Absicht die Waffen von sich.

Ossians Temora B. I. — Nun warf er wol dreymal
Meine Lanze von sich, und fassete dreymal den Barth an.

Krieg von Inisthona:

Indeß kam Ullin zum tapfern Carthon
Legte zur Erde den Spies, und stimte das friedliche Lied an.

Eine gespizte vorwärtszielende lanze war das Zeichen des feindlichen Angrifs:

— Er kömmt nicht in Frieden,
Sagte Morannal, ich sah die vorwärts zielende Lanze.

Tenmora, B. II.

— Er fällte den bäumenden Spies mir entgegen.
Kömmst du mir Wandrer der Nacht in Frieden? so tönte sein Anruf;
Oder begegnest du meiner Erbittrung? Ich haße die Feinde Fingals,
Erkläre dich oder befürchte diß Eisen.

Bey der Versöhnung und bey öffentlichen Friedensschlüssen gab man sich die rechte Hand, zum Zeichen der Bestätigung:

22. Consensere omnes, foedus debere precari,
Et dextras, si forte darent, coniungere dextris.

Os-

Da nimm sie
Swarans Rechte zum Pfande der Eintracht, erhabner Gebieter
Morvens! Und laß der Erblichenen Ruhm von Barden besingen,
Mache, daß Erin die Männer von Lochlin zur Erde bestatte.

Gleich bey den alten Römern e), welchen die Teutschen ihre ganze Kriegskunst abgelernt hatten, rückten die Kriegshaufen in Form eines Triangels vorne spitz und hinten breit auf den Feind an. Sie standen dicht beysammen, Mann bey Mann, und hielten die langen Schilder vorwärts, daß der Rücken unbedeckt blieb f). Sie hießen diese Schlachtordnung Cuneus g), und sie diente, weil alle Pfeile auf einen Punkt zusammentrafen, sehr gut, das feindliche Herr zu durchbrechen und zu trennen. Beym Marchiren h) waren sie ungefehr eben das, was

 unsere

e) *Flav. Veget.* de re milit. L. III. c. 19.

f) *Agath. Schol.* de gest. Iust. Imp. L. II. Die Form von dessen Beschreibung genommen siehet man in Kupfer gestochen beym P. *Daniel* Hist. de la Milice Françoise. Tom. I. p. 18. Tab. III.

g) *Tacit.* de mor. Germ. c. 6. Acies per cuneos componitur.

h) *Isidor. Origin. L. IX. c.* 3. Cuneus est collecta in vnum militum multitudo. Vid. etiam *Lips.* de Milit. Rom. L. IV. Dial. VII. Opp. Tom. III. p. 203.

unsere heutigen Colonnen, und in dem Verstande scheint es unser Autor zu nehmen i):

51. Aque ad praedandum cuneus dispergitur omnis.

Sonst pflegten die Hunnen bloß in einzelen wilden Haufen auf den Feind anzusprengen, und gleich wieder umzukehren. Claudian k) nennt sie:

Acerrima nullo
Ordine mobilitas, insperatique recursus

und an einem andern Orte: Vaga Hunnorum feritas.

Sidonius: Scythicae vaga turba plagae.

Die Geißeln eines Volks, das den versprochenen Tribut zu bezahlen weigerte, wurden zu Sklaven gemacht l). Daher Hagano, als der vernahm, daß König Günther die Verträge seines Vaters mit den Hunnen zerrissen hätte, und nicht weiter Tribut leisten wollte, sich plözlich mit der Flucht rettete.

115. Interea Gibicho defungitur, ipseque regno
Guntharius successit, et ilico Pannoniarum
Foedera dissoluit, censumque subire negauit.
Hoc vbi jam primum Hagano cognouerat exul,
Nocte fugam molitur, et ad dominum properauit.

Der

i) Im eigentlichen Verstande kömmt das Wort:

181. Iamque intra jactum teli congressus vterque
Constiterat Cuneus.

k) in Rufin. L. I. p. 38.

l) *Gregor. Turon. Hist. L III. c.* 15. Multi tunc filii Senatorum in hac obsidione dati sunt, sed orto iterum scandalo ad seruitium publicum sunt addicti.

Der erste Ursprung der Thurniere muß bey einer so kriegerischen Nazion, wie die Teutschen, so alt als ihre Existenz selbst seyn. Auch alle Schriftsteller, die uns von ihnen Nachrichten aufgezeichnet haben, bemerken ihre Kriegsspiele. Die Nordischen Sagen m), Cäsar n), Tacitus o), Prokopius p), Sidonius Apollinaris q), Ennodius r), Isidor von Sevilla s), Nithard t), Wittichind u), Wilhelm Litle v) und die Reisebeschreibung Ohthers w) geben,

m) Fragm. Viga Stirosöga: *Torfaeus* Hist. rer. Norwag. P. IV. p. 416. *Io. Ibre* Diss. de peregrinat. gent. septentr. in Graeciam, Tom. XIII. Hist. Vnivers. p. 564.

n) de bello Gall. L. I. c. 48.

o) de mor. Germ. c. 24.

p) de bello Goth. L. III. q) L. 1.

r) *in Panegyr. Theod. Goth. Regi dicto:* Pubem indomitam sub oculis tuis inter bona tranquillitatis facis bella protrudere. — — Implent actionem fortium, dum jocantur; agitur vice spectaculi, quod sequenti tempore poterit satis esse virtuti. Dum amentis puerilibus hastilia lenta torquentur: dum arcus quotidianae capitum neces dirigunt, Vrbis omne pomoerium simulachro congressionis atteritur. Agit figura certaminum, ne cum periculo vero nascantur.

s) in Hist. Goth. in pr.

t) de dissens. fil. Lud. Pii *L.* III. p. 474.

u) Ann. L. I. p. 640.

v) *Guil. Neubrig.* de reb. Angl. L. V. c. 4.

w) ap. *Barthbolin.* Ant. Dan. p. 495. et ap. *Langebek* Script. rer. Dan. Tom. I. p. 110.

gedenken derselben, und sie sind ursprünglich nur Waffenübungen für die angehende Jugend gewesen. Gleich allen kriegerischen Nazionen hatten auch die Hunnen dergleichen Lanzenspiele x), und Attila ließ nach unserm Dichter seine beiden jugendlichen Geiſsel Hagano und Walther darinn unterrichten:

100. — Sed et artibus imbuit illos
Praesertimque jocis belli sub tempore habendis.

An einem andern Orte, bey der Unterredung dieser beiden, nennt er sie jugendliche Spiele.

1248. Obserco per ludos, resipiscito jam, pueriles,
Vnanimes quibus assueti fuimusque periti.
Et quorum cultu primos attriuimus annos.

Unten wird uns eine Stelle des Ossians lehren, daß sie dergleichen Spiele zu Ehren des Frauenzimmers hielten, das sie liebten. Hier führe ich eine andere aus dem Kriege von Inisthona an:

— Dann sandt' er
Annirn dem Herrscher der Spieße sein Schwerdt. Der grauende Führer
Sieht es, und muntert sich auf; erkennt die Klinge von Fingal
— — — Er ruft sich die Kämpfe
Ihrer Jugeud nun wieder zurück. Er hatte mit Fingal

Vor

x) *Iornand. de reb. Get. p. 479.* Nam de tota gente Hunnorum electissimi equites in eo loco, quo (Attila) erat positus, in modum Circensium cursibus ambientes, facta eius cantu funereo tali ordine referebant.

Vor der liebreizenden Agandecca wol zweimal gestochen.

Im VI. Buche Fingals heisst es:

Morgen, o Bruder vor Angandecca dem Winde die weißen
Segel — —
Oder verlangst du zu kämpfen? Der Ehrengang, welchen von deinen
Vätern Trenmor erhielt, der ist dir gestattet. Im Ruhme
Sollst du mir scheiden, und ähnlich der Sonne, die westlich hinabglänzt.

Zu Muri auf Ulster in Ireland war der Ort, wo sich die irelándische Jugend in den Waffen zu üben pflegte. Cuchullin führte unter seinen Landsleuten den Gebrauch der eisernen Waffenrüstung ein, und unterwies sie in der Reitkunst.

Unser Autor giebt an einem Orte auch Zeugnis, daß die Franken um diese Zeit dergleichen Kampfspiele gehabt hätten. Er sagt v. 952. von Gunthars Gefährten:

Ac vti in ludis alium praecurrere quisque
Ad mortem studuit.

Alle barbarische Nazionen in Europa hatten ihre Kriegsspiele, theils zum Unterrichte für junge Krieger, theils zum Pracht, zur Uebung und zur Belustigung. Die Geschichte aller Staaten Europens bis zum XII. Jahrhunderte herunter, ist voll von Beyspielen, und seit der Zeit sind sie gar unzehl zehlbar. Italien, Spanien, Frankreich, England, Teutschland und die Nordischen Reiche liefern davon Beweise. Und der von den Gelehrten erregte Streit über den Ursprung der Turniere war ein Wortstreit. Jeder, der ein altes historisches Zeugnis von Ritterlichen Kriegsübungen aufweisen konnte, glaubte den Ursprung entdeckt zu haben. Wenn ihm nun ein anderer ein älteres Beyspiel zeigte, so zankte er sich mit ihm. Keiner aber war wirklich den ersten Anfang davon aufzufinden vermögend, weil sich derselbe in dem Urstande jeder Nazion verliert. Dis zeigte schon der Ostgothische König Theodorich der Große y), und behauptete, die Truppen müßten zur Zeit des Friedens lange in den Waffen geübt werden, wenn sie im Kriege brauchbar seyn sollten, denn, sagte er, wenn die Kriegskunst keine müßige Vorspiele angestellt hätte, so würde sie uns im Nothfalle mangeln. Der Soldat hätte bey Muße zu lernen, was er im Kriege brauchte, u. s. w.

Die alten Ritterspiele vermehrte vor dem Jahr 1060. Godfried von Preuilly mit verschiedenen Gebräuchen und Feyerlichkeiten, und seit der Zeit wurden

y) *ap Rhenan. rer. Germ. p. 348.* Ante distribuenda sunt arma, quam possit flagitare necessitas, vt cum ea tempus exegerit, paratiores ad imperata sufficiant. *Ars enim bellandi, si non praeluditur,* cum necessaria fuerit, *non habetur.* Discat miles in otio, quod proficere possit in bello. Animos subito in arma non erigunt, nisi qui se ad ipsa idoneos praemissa exercitatione confidunt.

den sie Turniere z), vom französischen Worte tourner, sich drehen, wenden, genannt, weil sie hauptsächlich in gewissen geschickten und künstlichen Bewegungen und Schwenkungen mit den Pferden bestanden a), wovon die spätern Berennungen des Lehenstuhls bey der feyerlichen Belehnung ein Ueberbleibsel waren.

Die Gallischen und Teutschen Völker waren durch ihre Waffenrüstung gewöhnlich ganz mit Eisen und Erz überzogen, wie dieses unter andern die Rüstung Walthers vor seiner Flucht zeigt.

330. Ipseque lorica vestitus more gigantis
Imposuit capiti rubras cum casside cristas
Ingentesque ocreis suras complectitur aureis
Et laeuum femur ancipiti praecinxerat ense
Atque alio dextrum pro ritu Pannoniarum.
Is tamen ex vna dat tantum vulnera parte,
Tunc hastam dextra rapiens clypeumque sinistra
Ceperat inuisa trepidus decedere terra.
449. Et veluti pugnae certum per membra paratum
Aere etenim penitus fuerat.
536. Paulatim rigidos ferro vestiuerat artus.

Der-

z) *Otto Fris.* in Hist Frid I. Imp L. I. c. 17. *Radev.* de gest Frid. I L. II. c. 8. Vergl. Neue Diplom Th. VI §. 295. S 150.

a) *Du Fresne* Abh. vom Ursprung und Gebrauch der Turniere, in Pistorius Amoen. Th. I. S. 115. f.f.

Dergleichen eherne Figuren sahen sich nun im Felde, alle einander gleich, und es wäre unmöglich gewesen, Einen von dem Andern zu unterscheiden, wenn nicht jeder sein eigen Wahrzeichen auf dem Schilde angemahlt gehabt, oder auf dem Helme getragen hätte. Hieran konnte man sie allein erkennen. Daher auch Walther den Hagano gleich am Helme erkennt. V. 555.

— Et en galeam Haganonis
Aspicit et noscens —

und an einem andern Orte macht Hagano dem Walther den Vorwurf: wenn schon mein Gesicht mit dem Helme bedeckt gewesen ist, so sahst du doch die längst bekannte Waffen.

1269. Cuius si facies latuit, tamen arma videbas
Nota satis, habituque virum rescire valeres.

Alles dieses dient zur Erläuterung einer gewissen Stelle Ossians in der Sulmalla von Lumon:

— — Sulmalla
Kennet den Schild des Beherrschers von Morwen.
In Comnors Gewölbe
Hängt er herunter zur späten Erinnrung, daß Fingal auf Clutha
Einst in vergangenen Jahren gelandet.

Es waren dergleichen Schilder anfangs bloß mit buntgefärbten Strichen bezeichnet b). Nachher wurden allerley Sachen, Balken, Würfel, Thiere, Vögel, Menschen und allerlei Figuren darauf

b) *Dithmar.* in not. ad *Taciti* Germ. c. 6. p. 35.

auf gesezt c), endlich und besonders in Norden mit ganzen historischen Gemählden geziert d). Dis ist der Ursprung der Wappen, anfangs bloß willkührlich gemahlte Zeichen auf den Schildern, um sich in der Ferne kennbar zu machen. Unter den Turnieren wurden sie vermehrt *), durch die Kreuzzüge gewissen Geschlechtern eigen und unverän-
der-

c) *Bernk. Clem. Mettingk* Stat. milit. Germ. Sect. II. §. 8.

d) *Edda:* Solebat antiquis clypeis inscribi in margo, quae circulus seu annulus vocabatur. Ab isto circulo clypei poetice denominantur.

Vita Eigil. Skalagrimii. Comes Hacon Einari Skallaglamo clypeum donauit pretii eximii. Hic antiquis historiis inter commissuras inscriptus erat.

Saxo Grammat. Hist. Dan. L. 4. In scuto, quod sibi parare jusserat, omnem operum suorum contextum, -- exquisitis picturae notis adumbrandum curauit. --- Haec omnia excultissimo rerum artificio militari eius scuto opifex studiosus illeverat, res formis imitatus, et facta figurarum adumbratione complexus.

Chron. Austr. ap. Pez T. I. p. 556. Huius capulus mucronis in Goslariensi oppido in conuentu vt cera liquescens euanuit, et pictura clypei eius deleta est. Vergl Neue Diplom. Th. VI. S. 149. §. 294. wo noch ein Paar Stellen.

*) nicht aber erfunden, wie Foncemagne Mem. de l'Acad. des Inscript. T, XVIII. p. 315. T. XX. p. 579. und die Benediktiner in der Neuen Diplomatik Th. VI. S. 149. §. 294. behaupten.

derlich, und durch die Siegelringe erhielten sie die heutige Form, daß nemlich die ganze Waffenrüstung, Schild, Helm und Waffenrock abgebildet wurde. Jedoch auf den ältesten Siegeln erscheinen bloß die einfachen Schildzeichen, hernach die ganze geharnischte Figur des Besizers mit dem Zelter und dem Paniere, und erst in der neuern Zeit die heutige Gestalt der Wappen †). Was ich eben da von Schildern sagte, die mit historischen Gemählden verziert gewesen, habe ich im ersten Bande meiner Geschichte des teutschen Handels ausgeführt. Hier bleibt mir daher nur ein einiges Beyspiel aus dem Ossian B. VII. hinzuzufügen übrig.

Cathmor sprach es, und eilte bewafnet zum Schilde. Der Schild hieng
Luftig in Nacht. Hoch über das rauschende Ströhmen des Lubar
Trug ihn ein moßigter Ast. Mit sieben erhabenen Buckeln
War er besezet, die sieben Gebothe des Herrschers, die seine
Krieger auf Winden empfiengen, und unter die Zünfte vertheilten.
Jeglichen Buckel bezieret ein Stern. Mit funkelndem Haar
Pranget Cammathon. Den Wolken entsteigt Colderna, durch Nebel
Däminert Ullicho dahin, und Cathlins sänfterer Abglanz

Zil-

†) Neue Diplomatik a. a. O. §. 298. 299. 300. 152. 301. S. f. f. ferner §. 319. 320. S. 162. ff.

Zittert am Felsen. Hold blinket Reldurath hernieder auf seine
Bläulichten Wogen, und tränket zur Helfte den westlichen Schimmer.
Berthins röthlichtes Aug verfolget den Jäger, der langsam
Unter den nächtlichen Regengewölken mit Beute des schnellen
Wildes beladen, die Forste durchwandelt. In Mitte des Schildes
Schießt der entwölkte Thontena die Strahlen, Tonthena, der nächtlich
Ueber den wogichten Lauf des irrenden Larthon herabsah;
Als er der erste von Bolga'ε Geschlechte zum Führer den Wind nahm.
Seine weißbußigten Segel erschwollen zum ströhmigten Erin.
Nacht lag dunkel vor ihm mit Nebel besäumet. Am Himmel
Wechselten Winde. Sie schlugen ihn fort von Welle zu Welle,
Bis sich der feuriggelokte Tonthena von flüchtigen Wolken
Lächelnd ihm wieß. Am leitenden Lichte frohlokte der König
Sah die gebirgigte Fluth im Wiederscheine sich wälzen.

Hier ist ein neuer Beweis von der starken Seekunde der alten Teutschen, dergleichen ich in der angeführten Handelsgeschichte mehrere geliefert habe. Man sieht, daß auf diesem Schilde eine Himmelscharte abgemahlt gewesen ist, und daß sich ihre Schiffarth nach dem Gestirne richtete.

Unter dem Waffengeräthe Walthers befand sich ein Ungrischer Säbel, welches Seitengewehr die Teutschen vorzüglich liebten. Karl der Große machte mit einem gladio Hunnisco dem Könige Offa von Mercia ein Geschenk e).

Es ist der Irrthum des P. Daniels in seiner Geschichte des französischen Kriegswesens f) zu rügen; der nicht zugeben will, daß die ältesten Schwerdter der Teutschen zweischneidig gewesen sind. Er gerieth auf diesen Wahn durch die Stelle Rigords in dem Leben Philipp Augusts Königs von Frankreich, worinn es heißt: habebant cultellos longos, graciles *triacutos*, quolibet acumine indifferenter secantes a cuspide ad manubrium, quibus vtebantur pro gladiis. Allein dieser Autor war nur über die lange dreyschneidige Form der Messer, welche die Teutschen 1214. in der Schlacht bey Bovines als Degen gebrauchten, in Verwunderung gesezt, und keineswegs mit unsern alten zweischneidigen Haudegen unbekannt. Wie der römische Soldat auf der einen Seite mit einem großen Schwerdte und auf der andern mit einem kurzen Dolche bewafnet war, g) eben so hatte auch der Teutsche, der vom

e) *Car. M. Epist. ad Offam Mercior. R ap. Baluz. Tom. I. Capitul. p. 197* Vestræ quoque dilectioni vnum batheum et vnum gladium Huniscum et duo pallia serica.

f) Tome I. page 299.

g) *Godeschalc. Stewech.* Comment. ad Fl. Veget. de re milit. L. I. p. 64. *Lipsius* de milit. Rom. L. III.

vom Römer sowol die Kriegskunst lernte, als die Waffenrüstung annahm, auf der linken Hand sein Schlachtschwerd, und auf der Rechten ein Messer, Dolch, Stilet, oder Hirschfänger angegürtet. Das zeigen uns die alten Denkmäler, h) und verschiedene Schriftsteller i) bestättigen es. Rhode k) zweifelt sogar, ob die ersten Teutschen je einfachschneidende Degen gehabt hätten, und versichert, wie dergleichen, sondern immer zweischneidige Schwerdter gesehen zu haben. In der ältesten Zeit haben zwar die Teutschen wie die Römer den Degen auf der rechten und den Dolch auf der linken Seite getragen, l) wie es Diodor von Sicilien, m) Polybius n) und Agathias Scholastikus o) von den Kelten, Germanen, Franken, Spaniern und Britten behaupten, und die Figuren an der Trajani-

 schen

III. Dial. III. p. 130. *Salmab.* in not. ad Spartian. Tom. I. Hist. Aug. p. 600.

h) *Daniel* Hist. de la Milice Françoise T. I. Tab. II. p. 4. und die Monum. Boica.

i) *Dio Coccej.* in Caesar. p. 95. *Diodor. Sicul.* Bibl. L. VI. *Guil. Brit.* Philippid. L. VIII. v. 353. et L. XI.

k) ap. *Tycho Rothe* Sched. de gladiis Veter. imprimis Danorum. Havniæ 1752 C. III. p. 203.

l) *Rothe* cit. l. C. IV. p. 217. 218.

m) L. V. p 307.

n) in Fragm. L. VI.

o) Hist. L. II.

schen Säule zeigen. Wie aber die Römer damit unter dem Kaiser Vespasian eine Veränderung vornahmen, so geschah es auch von den übrigen Europäern, p) welches eine Stelle bey unserm Autor beweist.

Walthern war die rechte Hand abgehauen, und es wird ihm darüber von Günthern der spöttische Vorwurf gemacht, daß er künftig den Volksgebrauch verändern, und den Degen auf der rechten Seite angürten würde.

— Sed quid dicis, quod ritum infringere gentis
Ac dextro femori gladium agglomerare videris.

Vorher lesen wir diese Stelle:

V. 333. Et laevum femur ancipiti praecinxerat ense
Atque alio dextrum pro ritu Pannoniarum
Tunc hastam dextra rapiens clypeumque sinistra.

Eben diese Verse und

535. Ipse oculos tersos somni glaucomate purgans
Paulatim rigidos ferro vestiuerat artus
Atque gravem rursus parmam collegit et hastam
Et saliens vacuas ferro transverberat auras q).

schei-

p) *Salmas.* cit. l.

q) Vergl. *Greg. Turon. Hist. L. V. c. 48.* Qui (Leudaster adsumto, vt diximus, Comitatu in tali leuitate elatus est, vt in domo Ecclesiæ cum gladiis,

[illegible] mit [illegible] Spitze und [illegible] [illegible] [illegible] zu [illegible].

— Er hält sein Schild
Ein [illegible] rund zur Schwinge des Streits und Wut
[illegible] er in Sturm des Kampfs [illegible]. Er [illegible] mit Freude
Seinen Bogen der Held, [illegible] die lange [illegible]
Seine [illegible] Klingen [illegible] [illegible]
Seine Klinge der Seite [illegible]. Zum [illegible] Schilde
Geht er noch endlich, und [illegible] Gefilde den Weg an.

Es ist etwas außerordentliches, wenn man in den Seeräubergesetzen des Nordischen Königs Half eine Verordnung antrifft, daß die Schwerdter nur einschneidig, breit und mit dickem Rücken versehen seyn sollten r). Sie scheinen auch bald wieder außer Uebung gekommen zu seyn, und nur die Messer, Cultelli, die sie noch daneben führten, blieben einschneidig. Bey unserm Autor heißt der große Haubegen auf der linken Seite spatha,

 Al-

diis, thoracibus atque loricis praecinctus pharetra et contum manu gerens capite galeato ingrederetur.

r) *Leges piraticae Halfi Regis ap. Torfae. Hist. rer. Norvag. P. I. pag. 186.* Gladii vніca tantum acie superius crassi tubo lato ictibus aggravandis idonei.

Alpharides spatham tollens iterato cruentam.

und der auf der rechten Seite befindliche kleine Stoßdegen semispatha.

Verum vulnigeram clypeo insertauerat vlnam
Incolumique manu mox eripuit semispatham,
Qua dextrum ejaxisse latus memorauimus illum.

Diese Meßer, oder kurze Stoßdegen, nannte man in Niederteutschland ſ) und in den Nordischen Staaten t) Sachsen. Alle Degen waren gewöhnlich zweischneidig, wie Diodor u) und Suidas v) ausdrücklich berichten, und Matthäus Paris w) vergleicht einen Degen, der nur auf der einen Seite zum Hauen brauchbar ist, einem Dolche, sicæ. Von den meisten Helden erzehlen die Schriftsteller, daß sie ihre Feinde zu beiden Seiten auf einmal niedergehauen hätten, welches nicht geschehen konnte, wenn sie nicht mit doppeltschneidigen Schwerdtern ver-

ſ) *Wittichind.* Corbej. L. I. p. 5.

t) *Rothe* C. I. p. 184. 185. Sie hießen hier Darder und Handsaxen. Id. pag. 218.

u) *in Bibl. L. VI.* Gladios ferunt ancipites et vtrinque incidentes ferro præstantissimo factos.

v) Celtiberi paratura gladiorum longe aliis antecellunt; Nam et mucronem validum habent, et ictum pate ntem ex vtraque parte.

w) *in Hist. Maj.* Ipse Ottho cum gladio, quem tenebat, ad modum sicæ ex una parte acutum, — quoscunque attingebat, — prosternebat.

versehen gewesen wären. x) Bey der Schlacht von Bovines kamen zuerst die heutigen langen dreyschneidigen Stoßdegen zum Vorscheine. Darüber wunderte sich nun freylich Rigord, weil man sich ehemals theils nur kurzer Dolche bedient hatte, womit man den Feind bloß in der Nähe niederstechen konnte, und die nicht in die Ferne reichten, y) theils weil dieses Gewehr wegen seiner gefährlichen Verwundung verhaßt war, gleichwie es auch noch jezo in den meisten Staaten aus Vorurtheil durch Polizeygeseze verboten ist.

Aus dem 916. Verse:

Ancipitem vibrauit in ora bipennem
Istiusque modi Francis tunc arma fuere.

ist zu schließen, daß die Franken zu Ende des VI. Jahrhunderts aufgehört haben, sich der Streitaxt, z) ihrer sonst gewöhnlichen Waffe, zu bedienen. Sie hieß auch Franzisca, a) und wurde, wie hier vom Gerwith, gleich mit Anfang des Treffens gegen den Feind geschleudert, um ihm den Schild zu spalten und unbrauchbar zu machen. b) Daher manchmal

x) *Rothe* C. III. p. 203.

y) *Rothe* p. 218.

z) Deren Figur beym P. Daniel Hist. de la Milice Françoise T. I. Planche II. p. 4. zu sehen.

a) *Du Cange* in Gloss. med. aeui Vol. III. col. 682.

b) *Sidon. Apollin. Carm. V.*

Excussisse vastum per inane Bipennes —
Ludus

dieser Streithammer von den Schriftstellern schlechtweg Missile genennt wird c).

V. 1014. In framea tunicaque simul consisus aëna, kömmt die Framea vor, die man außer dem Tacitus d) sonst bey keinem alten Schriftsteller genennt findet. Ein neuer Beweis für das graue Alterthum unsers Autors! Man bediente sich ihrer zum nahen und entfernten Gefechte. Hier geschieht es von Walthern im ersten Falle. Das Wort kömmt her von Frumen senden, und die heutige Schusters Pfrieme ist sowol der Gestalt als dem Worte nach ein kleines Ueberbleibsel davon e). Aus dem Verse,

Belliger ut frameae murcatae fragmina vidit.

der am Ende steht, sehen wir, daß damit der große Haudegen ist benenut worden.

Nicht allein die Schilder, sondern auch die Harnische hatten gewiße Figuren aufgemachlt, aufge-

er L. IV. *Ep.* 20. — Secures missiles —

Agath. Scholast. Hist. L. II. Arcus, fundas, et quae alia eminus feriunt, non habent, sed ancipites secures.

Gregor. Turon. L. II. c. 27. Neque hasta, neque gladius, neque bipennis est utilis.

Procop. de bello Goth. L. II. c. 25. Gestant ensem, clypeum et securim, cuius ferrum crassum est, et vtrinque acutum. Hanc Franci securim in primo ipso congressu jacere in hostem consueuerunt eo impetu, vt scuta perfringant, et ipsos simul interimant.

c) *Iac. Otto* ad *E. Rhen.* Instit. rer. Germ. L. II. p. 343.

d) De mor. Germ. c. 6

e) *Wachter* in Glossar. German. col. 243. et 471.

geprägt, eingegoßen, oder aufgelöthet, wie z. B. der Harnisch, den Walther dem Könige Attila entwendet hat.

V. 261. — loricam fabrorum insigne ferentem
Diripe.

Dieser Panzer wird V. 961. die welandische Rüstung genannt:

Et nisi duratis Vuelandia fabrica giris
Obstaret, spisso penetrauerit ilia ligno.

Man nannte zuweilen dergleichen Waffen mit dem Namen ihres Künstlers. Sie waren schon bey den Franken ein förmliches Panzerhemd

479. — Præcingite corpora ferro
Fortia, squamosus thorax jam terga recondat.

Agathias, f) der gewöhnlich seine Nachrichten von den Franken nur aus fremder Erzehlung erhält, läugnet, daß sie Panzer und Beinspergen gebraucht hätten. Das Gegentheil versichern aber Plutarch, g) Tacitus h) und Silius Italicus; i) die ausdrücklich sagen, die Kimbrer und übrigen Teutschen hätten eiserne Harnische gehabt. Die Brustharnische hiesen im Karlingischen Zeitalter Brünnen, und wenn man nicht irrt, zuweilen auch Halsbergen, französisch Hauber. Vielleicht aber bedeutet das

Hals-

f) Goth. Hist. L. II.

g) in Mario p. 420.

h) de mor. c. 6.

i) Punicor. L. V.

Halsberg das eiserne Bruststück, patena, plastron, womit man die Brust gegen das gewaltige Anprellen der Speere verwahrte k). Der Ringkragen, welchen unsere Officiere, wenn sie wirklich im Dienste sind, um den Hals hängen, scheint davon ein Ueberbleibsel zu seyn. Ueberhaupt glaube ich nicht allzusehr zu irren, wenn ich jene sogenannte Vuelandia fabrica für ein dergleichen Bruststück erkläre. Eine Stelle des Wilhelm Britos l):

Vtraque per clypeos ad corpora fraxinus ibat,
Gambesumque audax forat et thoraca trilicem
Disiicit, ardenti nimium prorumpere tandem
Vix obstat ferro fabricata patena
Qua bene munierat pectus sibi cautus ad hoste.

ist der obigen so sehr ähnlich, daß ich nothwendig auf diese Vermuthung fallen mußte. Bey den Franken mußte jeder, der 12 Mannsmad zu lehen besaß, mit einer Brünne versehen seyn, und wenn er sie beym Feldzuge mitzunehmen vergaß, so verlor er sie samt dem Lehen m), denn aus einer Urkunde Karls des Großen von 790. sehen wir, daß die Lehenherren ihre Vasallen mit derley Waffenrüstung und besonders mit Halsbergen versorgt haben n).

Die

k) *Barth.* in Comment. ad L. III. *Brit.* Phil. pag. 196.

l) Philipp. L. III. v 494.

m) Capit. L. III c. 5.

n) ap *Otto* in Not. ad *Rhenan.* Inst. rer. *Germ.* L. II. p. 342.

Die ältesten Waffen der Franken lernt man aus diesen Versen kennen:

1187. Aggreditur iuuenis caesos spoliarier armis
Armorumque habitu: tunicas et caetera linquens,
Armillas tantum cum bullis. balthea et enses,
Loricas, quas cum galeis detraxerat ollis.

Die Armspangen kommen auch v. 263. und v. 611. vor. Daß sie unter die ältesten Verzierungen der Europäer gehören, lehrt außer der Eigills Saga o) und der Ebersbergischen Chronick mein Versuch über die Geschichte der teutschen Erbfolge p). Am Ende des Gedichts heist es:

Sic sic armillas partiti sunt Auarenses.

Die Pferde hatten damals so wie beym Homer und bey Ossian q) schon gewisse Namen, nach folgenden zween Versen:

324.

o) ap. Torfae. rer. Norwag. P. II. pag. 167. Tandem Rex eum stringens, extractam brachio armillam auream mucroni imponit, magni quidem ponderis pretiique soloque excedens in medium paulmentum progressus gladium super forum extensum porrigit. Eigill pariter loco descendens, gladio quoque extenso armillaeque inserto eam ad se trahit locoque repetito brachio imponit. Tum primum supercilia in ordinem redierunt. Rex tam praesenti remedio laetus mox aliam ei donat: quo ille munere exhilaratus positis armis protinus cornu arrepto vno haustu vacuauerat.

p) Band I. Hauptst. V. Absch. I. S. 58.

q) Siehe die Stellen in meinem Commentar pag. 27.

324. Quem ob virtutem vocitauerat ille leonem.
757 Quem spadix gestabat equus.

Der V. 326.
Hunc postquam phaleris solito circumdedit

könnte uns ein jüngeres Alter des Monuments vermuthen lassen, weil es erst in den spätern Jahrhunderten zur Zeit der Kreuzzüge üblich war, die Pferde am Kopfe und an der Brust mit Eisenbleche für der Verwundung zu bewahren, und ihnen ganze Decken von eisernen Schuppen aufzulegen. Allein Tacitus in seinem Büchelchen von den Sitten der Teutschen rettet C. 15. das ächte Alterthum dieser Stelle hinlänglich, wenn er sagt:

Electi equi, magna arma, phalerae torquesque.

Und Lipsius r) zeigt uns, daß schon die alten Römer ihre Pferde auf diese Art ausgerüstet, und sie mit allerlei Brustbändern und Halsketten versehen hätten.

Die zwölf Vasallen, mit welchen König Günther Walthern verfolgte, waren alle zu Pferde, und der König selbst bediente sich eines ausgeschnitzelten Sattels.

472. Ducere equum jubet, et sella componere sculpta.

Agathias s) behauptet zwar, die Franken hätten nur wenige Reuterey gehabt, und sich bey ihren Krie-

r) De Milit. Rom. L. II. Dial. 13. p. 109.

s) Lib. II. Hist.

gen mehr des Fußvolks bedient. Allein Eginhard r), wenn er von Karl dem Großen erzehlt, daß er sich beständig im Reiten und Jagen geübt hätte, bemerkt, daß bey ihm dieses national gewesen wäre, weil es schwerlich irgend ein Volk auf der Welt geben werde, daß hierinn mit den Franken verglichen werden könnte. In den Pithouischen Annalen heißt es beym Jahr 891, es wäre den Franken ganz ungewöhnlich gewesen, zu Fuße zu fechten. Indeß hatten sie doch auch eine Anzahl Fußvolk, wie unser Autor bezeugt:

1101. Et licet huc cunctos equites simul atque pedestres
Francia misisset, sic his, ceu fecerat istis.

Wenn es bey einer Schlacht zum Einhauen kam, so warf man die Schilder auf den Rücken.

189. Postremum cunctis vtroque ex agmine pilis
Absumptis, manus ad mucronem vertitur omnis,
Fulmineos promunt enses, clypeosque reuoluunt.

Eben das geschah bey der Flucht, wie es von der Hunnenschlacht unter Anführung Walthers heißt:

200. — Cuncti mox terga dederunt.
Et versis scutis laxisque feruntur habenis.

Ohngeachtet verschiedene Antiquaren uns sehr ausführliche Beschreibungen von dem alten Kriegswesen gegeben haben, so ist doch von ihnen durchgehends diese Kriegsübung übersehen worden. Nur

Gis-

r) in vita Car. M. c. 19.

Gisbert Cuper u) hat die Gewohnheit angemerkt, daß man beym Anfang des Treffens den Schild vorzuwerfen (projicere scutum) pflegte, um damit dem Anprallen des Feindes Widerstand zu thun, und alle Glieder vor der Verwundung zu sichern. Man nannte es auch arma colligere. v) Von Walthern heist es:

1222. Ille celer scutum collegit et excutit hastam.

Der angeführte Vers 472.

Ducere equum jubet et sella componere sculpta

würde uns schon beweisen, daß die Franken von der Gewohnheit der ältern Teutschen w), ohne Sattel zu reiten, abgewichen sind, wenn wir auch darüber keine andere Zeugnisse vom Sidonius Apollinaris x) und Nazarius y) hätten. Die Hunnen, die beynahe ihre ganze Lebenszeit zu Pferde zubrachten:

— Vix matre carens vt constitit infans
Mox praebet dorsum sonipes cognata reare

Mem-

u) Obseruat. Vltrajecti 1670. L. I. c. 12. pag. 89. 90.

v) *Cuper* cit. l. pag. 90.

w) *Caesar* de bello Gall. L. IV. c. 2.

x) L. III. *cap.* 3. --- alii sellarum equestrium madefacta sudoribus fulcra resupinant.

y) *in Panegyr. quem Constant. dixit:* Tunc ire praecipites, labi reclines, semineces vacillare, aut moribundi sedilibus attineri.

Membra viris, ita semper equo ceu fixus adhae-
ret
Rector: cornipedum tergo gens altera ferre
Haec habitat.

Sidon. paneg. Anth. d. z)

bedienten sich ebenfalls der Reitsättel, wie das Paul der Diakon a) und unser Autor bezeugen:

213. Ecce palatini decurrunt arce ministri
Illius aspectu hilares, equitesque tenebant
Donec Vir sella descenderet inclytus alta.

Man behauptet, die Franken hätten eine besondere Geschicklichkeit gehabt, ihre Feinde in den Wäldern durch gählinge Ueberfälle zu überraschen. Denn Cassiodor b) sagt, ipsos praecipitatis saltibus proelia semper intulisse, und Sidonius Apollinaris Carm. V.

Ludus et intortas praecedere saltibus hastas
Inque hostem venisse prius.

Diese zwo Stellen dünken mich die Rede des Franken Hagano zu beleuchten, wenn er zu Günthern sagt:

1113.

z) Dis bestätigt noch ausführlicher *Ammian Marcellin.* L. 31. Vergl. mehrere Stellen bey *Rhenan.* Inst. rer. Germ L. II p. 359 sqq.

a) *de gest. Roman L. XV. p. 364.* Tunc Attila de vitae fiducia jam desperans ex equitatoriis ingentem pyram sellis construxit.

b) XI, Var. 1.

1113. Et positi in speculis tondamus prata cavallis
Donec jam castrum securus deserat artum,
Nos abiisse ratus campos vi calcet apertos
Insurgamus et attonitum post terga sequamur.

In der Hunnischen Schlacht, wobey Walthar den Oberbefehl hatte, bediente man sich gewisser Hörner sowohl zur Anfeurung des Treffens als zur Ankündigung des Rückzugs, gleichwie es auch bey den Teutschen üblich war c).

183. — horrendam confundunt classica vocem.
206. Et tandem ductor recavo vocat agminacornu.

Eben dies war der Gebrauch bey den alten Schotten. Ossian im III. B.

— Auf Ryno, Fillan, ihr Söhne
Fingals auf! Lasset das Schlachthorn des Vaters erschallen! besteiget
Jenen Hügel am Strand, und fordert die Kinder des Feindes,
Fordert sie dort vom Grabe, vom Lamderg dem Helden der Vorzeit

Buch V.

Allad, dein Schlummer im Felsen sey friedlich, brach jezo der Führer
Cromlachs darein! Du stoß mir ins Horn o Ferthios! Ullin

Soll

c) *Adhelm. de Laude virgin.* (lebte) 666.
Cornua rauca sonant, et salix classica clangit.
Diodor. Sicul. in Bibl. l. V. et *Ammian. Marcellin.* ap. *Otto* ad *Rhenan.* Inst. rer. Germ. L. II. p. 346. 347.

Soll es am Berge vernehmen. So sprach er, und eilte den Hügel
Hurtig hinan im Gesichte von Selma.

Buch VI.

— Drey Tage verzog er am Ufer.
Fernhin tönte sein Horn. Er forderte Corlo von jedem
Seiner erschallenden Hügel zur Schlacht.

Temora B. I.

— So war sie gewohnt
Wenn sie das Heerhorn von Fingal vernahmt.

Fingal B. V.

Jezo belebt er sein väterlich Horn, und dreymal erschallet
Laut sein wölbender Schild. Er fordert den Gegner von seinen
Brüllenden Zünften wol dreymal heran.

Krieg von Inisthona:

— Das Streithorn
Oscars ertönet umher, und alle Gewässer des Land
Pochen empor, den klingenden Schild von Cormal umrotten
Hurtig die Kinder des Pfuhls.

Noch in der spätern Zeit pflegten die Ritter bey ihrer Ankunft an den Schranken des Turnierplazes sich auf dem Horne hören zu lassen, um die Herolde herbeyzurufen, ihren Wappenschild zu untersuchen, und nach hiedurch gegebener Kundschaft ihres Adels ihnen die Schranken des Kampfplazes zu öfnen. Dis ist der Grund, warum sowol auf den

den meisten Turnierhelmen Hörner erscheinen, als auch bey den Franzosen die Wappenkunst le Blazon (nemlich vom Blasen) genennt wird. *)

Von den Iren sagt Cambden in der Beschreibung Irlands: In bello pro tuba, tibia vitricularis in vsu est.

Man trift dergleichen Hörner noch in den Kunstkammern an. Ein anderer Kriegslärmen wurde durch die Anschlagung des Schildes mit der Lanze gemacht, worüber ich bald eine Menge Stellen vorlegen, und zeigen werde, wie aus solchen Schildern in der Folge die Trommeln entstanden sind.

Der gleichzeitige Kriegsgebrauch erlaubte dem Ueberwinder, den Besiegten auf den Hals zu treten d). Auf den Römischen Münzen erscheinen die Kaiser oder die Siegesgöttinnen, wie sie mit einem Fuße den Barbaren auf den Hals treten. Claudian bestättigt diese Gewohnheit VI. Conſ. Honor.

Colla triumphati proculcat Honorius Iſtri.

Die Perserkönige beobachteten dieses sogar gegen die überwundenen Römischen Kaiser e). Unser Dichter hat darüber zwo Stellen:

840. — pede collum preſſit. und
976. Et ſuperaſſiſtens pectus conculcat.

Die

*) Neue Diplomatick Th. VI. §. 296. S. 151.

d) *Tzezes* Grammat. Chil. X. *Gerbers.* Epiſt. 18.

e) *Mich. Glycas* Annal. L. IV.

die uns also nicht zweifeln lassen, daß die Europäische Barbaren auf gleiche Art mit ihren Ueberwundenen verfahren sind.

Da in unserm Gedichte v. 209. Signiferi, Fähndriche vorkommen, so muß man daraus folgern, daß damals bey den Barbaren die Fahnen schon im Gebrauche gewesen sind. Noch ausdrücklicher finden wir sie bey Ossian. Fingal B. IV. erwehnt:

— Erhebet die Fahnen von Fingal! Sie sollen
Lenas Winden sich öfnen, und flattern wie Flammen auf hundert
Hügeln. Ihr wallend Gezisch durchstreife die Lüfte von Erin,
Flöß uns Tapferkeit ein.

——— ———

Wir bäumten
Den Sonnenstrahl auf, die Fahne des Königs, und jeder
Krieger frohlockte, sie wallen zu sehen. Mit Golde bestirnet
Aehnlich der blauen weitkreisenden Muschel des nächtlichen Himmels
Strahlte sie fort. Noch hatte der Helden ein jeder sein eigen
Fähnlein; der Fähnlein ein jedes sein düster Geschwader.

Der Fahnenjunker oder Pannerherr war damals einer von den vornehmsten Feldherren f) Dennoch wurden die Truppen nicht mit dem Stabe, oder mit dem Degen kommandirt, sondern mit der Lanze, woran anfangs bloß eine schmale Binde, ohngefehr wie eine Schiffsflagge befestigt war g). Nachdem aber die Heere aus mehreren verschiedenen Haufen bestanden, davon jeder seinen besondern Anführer mit einem eigenen Panier hatte, so kamen zur Unterscheidung die größern Fahnen und Standarten für die Oberfeldherrn auf. Man hatte eine allgemeine Reichsfahne, oder wie in Teutschland, die Reichssturmfahne, die bey einem Feldzuge jedesmal mit vieler Feyerlichkeit dem obersten Feldherrn überreicht wurde. Im Jahr 422 übergab man beym Hußitenkriege dem Kurfürsten Friedrich I. von Brandenburg als obersten Feldhauptmann die geweihte Reichsfahne, die er aber Heinrich Reuß von Plau-

f) *Tangmar* in vita S. Bernwardi c. 24. *Arnulph. Mediol* L. II. c 9. *Ditmar*, Merseb. in Chron. L. III. p. 346. *Gunth. Ligurin L. IX.* v. 138 *Mon. Weingart.* de Guelf. in pr. *Rigord* de gest. Phil. Aug. p. 222.

g) Derley Fahne hieß Regius Contus *Paul. Warnefr. f de gest Langob. L. V.* c. 10. Vnus de exercitu Regis nomine Amalongus, qui Regium Contum ferre erat solitus, quendam Graeculum eodem Conto de sella super quam equitabat, sustulit, eumque in aere super caput suum leuauit. Andere Stellen bey Mettingh stat. milit. Germ. Sect. IV. p. 259. sqq.

Plauen überließ, zum Zeichen, daß er an seiner Stelle das Commando über das Reichsheer führen solte h). Nebendem hatte auch jede teutsche Völkerschaft ihre eigene Hauptfahne. Von der Art soll die Fahne seyn, welche die Herzoge von Wirtemberg wegen der Grafschaft Grüningen in ihrem Wappen führen, die dann, wenn die Schwaben im Vortreffen sich befanden, die Hauptsturmfahne war hh). Im Mittelalter bedeutete ein Pannerherr eine Person aus dem Herrenstande i), die die Ritterwürde erhalten hatte, und im Stande war, zehen edle Eleven, oder zehen Helme wolerzeugter Leute, das ist, zehen Ritter oder Kriegsmänner aus dem Ministerialadel ins Feld zu stellen. Er erhielt deswegen von dem Feldherrn auf eine feyerliche Art eine Fahne, und war berechtiget, diese seine Leute selbst zu befehligen k).

Nicht allein durch die Fahnen wurden die Truppen angeführt, sondern auch durch Vortragung des

 großen

h) *Eberh. Windeck* in hist. Sigismund. c. 104. *Balbin.* in Epit. hist. Boh. p. 452.

hh) Mosers Staatsrecht Th. VI. S. 277.

i) *Rigord. de gest. Phil. Aug. p.* 222. ... proceres, qui capti fuerant, 5 videlicet comites et 25 alii, qui tantae erant nobilitatis, vt eorum quilibet vexilli gauderet insignibus, praeter alios quamplurimos inferioris dignitatis.

k) *Selchow.* Elem. Iur. German. §. 237.

großen Heerschildes, an welchem man zum Zeichen des Marsches mit einer Lanze anschlug, fast auf eben die Art, wie man heutzutage mit der Trommel das Zeichen der veränderten Bewegung und des völligern Schrittes geben läßt. Es hat uns Ossian von dieser Art der alten Kriegsverfassung eine Menge Zeugnisse aufbewahrt, die ich hier einrücken will, und die uns in den Stand sezen werden, gewisse Lehensgebräuche und teutsche Alterthümer zu erklären, die uns seither dunkel geblieben sind.

Fingal B. I.

Faße sie Cuchullins Lanze, dann geh! dort hängt er an Turas
Thore, der Schild von Catbaith. Er halle von mächtigen Streichen!
Krieg ist sein donnernder Hall. Ihn hören auf ihren Gebirgen meine Streiter.

Buch VIII.

Klopfte den hallenden Schild, da warf sich mit jeder gesenkten
Spitzigen Wehre sein Heer den Feinden auf einmal entgegen.

— Nun klopft er der Herrscher
Wölbenden Schild. Nun kreiset auf einmal die Stille

Cathlin von Clutha.

Fingal sah sich umher. Wir fuhren in seinem Gesichte
Alle bewafnet empor. Wer solte den Schild nun erheben?

Alle

Alle verlangte des Zuges. Die Nacht sank nieder. Wir giengen
Jeglicher schweigend zum Hügel der Geister. Sie konnten in Träumen
Etwa sich senken, und Einen von uns zum Kriege bestimmen.
Jeglicher klopfte den Schild der Todten, und sumsete Lieder.
Dreymal riefen wir alle die Schatten der Ahnen,
Riefen, und legten uns nieder zu träumen.

Drey Schiffe schauten aus Fluthen auf Ossians Schild, so wie ich
Zur Nachtzeit zwischen den Wolken den röthlichen Wanderer
Thentena verfolgte.

Schlacht von Lora:

Plözlich ertönte der wölbende Schild von Fingal des Treffens
Schreckliches Zeichen, und tausend auf einmal entblößete Schneiden
Blizten auf wallender Heide. Drey grauende Söhne des Liedes
Stimmten die künstliche Kehle zur Klage.

Temora B. IV.

— Die weißlichen Segel
Connas brüllendem Winde zu geben, befahl ich. Dreyhundert
Jünglinge blickten hinauf zu Fingals wölbendem Schilde
Von dem Gewässer. Er hieng die blaulichte Fahrt zu bezeichnen

Hoch vom Maste. Nun sanken die Schatten hernieder. Da schlug ich
Oefter die warnende Wölbung. Ich schlug und suchte durch alle
Fernen des Himmels den feuriggelokten Ulerin zu finden.
Jetzo schlug er diejenige Wölbung des warnenden Schildes,
Welche die Ströme des Kriegs enthält.

Buch V.

Und schon erpochte die warnende Wölbung, die Krieger gehorsam
Tönet, wenn er vor ihnen daher zur Fläche des Ruhmes
Seine Gebieter verschickt.

Buch IV.

— Er menget den Klang des Schildes in seine Befehle.

Sowol aus diesen, als aus etlichen andern Stellen, die ich schon hin und wieder zerstreut angeführt habe, erhellet, daß der Heerschild eines Theils das große Feldzeichen gewesen ist, bey welchem sich das ganze Kriegsheer versammelte, und andern Theils, daß man durch dessen Berührung mit der Lanze sowol zu Wasser als zu Lande die Zeichen der Kriegsbewegungen gab. Es könnten etwa meinen Lesern in einer so ganz neuen Materie die Zeugnisse Ossians nicht zureichend scheinen. Ich will ihnen daher noch etliche andere Stellen vorlegen, die sie von seiner Aechtheit und Glaubwürdigkeit vollkommen überführen werden. Zuerst Günthers Ligurin, L. II.

— Ligno suspenditur alto
Erecto clypeus? tum praeco regius omnes
Conuocat a Dominis feudalia jura tenentes.

Es war nach der Erzehlung des Otto von Freysingen *l*) eine Gewohnheit der fränkischen und teutschen Könige bey ihrem Römerzuge über die Alpen, sich auf dem Rongallischen Gefilde am Poflusse zu lagern und dort sowol die Heerschau vorzunehmen, als nach teutscher Sitte, wo Kriegsgebräuche und Staatsgeschäfte beständig mit einander vereiniget waren, einen großen Reichstag zu halten a). Zu dem Ende ward gleich anfangs an einem hohen Maste der Heerschild aufgehangen, und durch den Lehenherold die ganze lehenbare Ritterschaft zur Verrichtung der Wachdienste beym Kaiser aufgefodert. Eben

l) *De reb. gest. Frid. I. Imp. L. II. c.* 12. Est consuetudinis Regum Francorum, quae et Teutonicorum, vt quotiescunque ad sumendam imperii coronam militem ad transalpizandum coegerint, in campo Roncaliae super Padum mansionem faciant; ibi ligno in altum porrecto scutum suspenditur vniuersorumque equitum agmen feuda habentium ad excubias proxima nocte principi faciendas per curiae praeconem exposcitur. etc.

a) Just. Friedr. Runde Abhandl. vom Ursprunge der Reichsstandschaft der Bischöffe und Aebte, Absch. 1. §. 4. S. 6. ff.

Eben diesen Gebrauch beobachtete man nach dem Salischen Gesetze b) auch bey den kleinern Volksversammlungen, Mahle genannt. Der Thungin oder Zentherr mußte dabey seinen Heerschild öffentlich aufstellen. Das hieß, unter dem Königsschilde zu Gerichte sizen c), und nach gewissen uralten Gemählden befand sich der Schild als ein Zeichen des kaiserlichen Schutzes d) an einem Pfeiler gerade über dem Size des Stabhaltenden Richters aufgehangen e). Bey den Slaven verwahrte man den großen Heerschild im Tempel ihres Abgottes Serowits, und trug ihn bey Kriegszeiten dem Heere im Felde vor f). Außer dem großen Heerschilde, der das Haupt-

b) *tit. XLVIII. de Affatomia.* Hoc conuenit obseruare, vt Thunginus vel Centenarius Mallum indicent, et scutum in ipso mallo habeant.

c) *Haltaus* in Glossar. germ. med. aeui, col. 1114.

d) *Io. Ge. ab Eckharth* in Comment. de reb. Franciae orient. Tom. I. pag. 108.

e) *Wendelin.* ad L. Sal. illustr. tit. 47. p. 186.

f) *Vita S. Otton. Ep. Bamb. ap. Canis. Lect. ant. p. 78.* Erat autem illic (in fano vrbis Holagastae) clypeus pendens in pariete mirae magnitudinis, operoso artificio auri laminis obtectus, quem contingere nulli mortalium liceret, eo quod esset illis nescio quid in hoc sacrosanctum ac paganae Religionis auspicium in tantum, vt nunquam nisi belli tempore a loco suo moueri deberet. Nam vt postea comperi modo Deo suo Serowito, qui lingua latina Mars dicitur, erat consecratus, et in omni proelio victores sese hoc praevio confidebant.

Hauptfeldzeichen der ganzen Armee war, gab es noch mehrere. Jede Kolonne, jedes Korps und jede Brigade, nach heutiger Art zu reden, hatte ihren eigenen Heerschild. Daher die Abtheilung der alten Reichsarmee in sieben Heerschilder g). Zu der Zeit, wo noch jedes Glied des Staats im Heerbanne dienen mußte, formirte jeder Stand der Staatsbürgerschaft mit seinen Leuten ein eigenes Corps im Felde, und hatte also auch einen eigenen Heerschild an seiner Spize. Zuerst der teutsche König mit seinen Hofleuten, dann die geistlichen Fürsten, hernach die weltlichen Fürsten, endlich die Freyherren, darauf die Mittelfreyen, nun die Reichsdienstmannschaft, und zulezt die Sendbare Leute. Nebendem gab es andere Heerschilde, die bloß kleinere Haufen oder Unterabtheilungen machten. Von einem gewissen Nordischen Könige erzehlt Saxo der Grammatiker h), er hätte, um das Land nicht mit einer allzustarken Lehensmannschaft zu beschwehren, zu seiner täglichen Leibwache und um die Räubereyen zu stöhren, nur 6 bis 7. Heerschilde gehalten. Der Heerschild des Klosters Lorsch bestand aus 12 Vasallen,

g) A. Vet. de Beneficiis c. I. §. 2. Sächs. Landr. c. 1. Sächs. Lehenr. B. I. art. 3. Alem. Lehenr. c. 1. Richtsteig Rechtbuch c. 1151.

h) *Hist. Dan. L. XIII.* Ne patriam sumtuosa clientela ac voracibus oneraret impensis, quotidianam militiam suam 6. tantum aut 7. clypeis ob exturbanda latrocinia contentam habuit.

fallen, wovon jeder Einhundert bewafnete Ritter unter seiner Anführung hatte i). Sieben von diesen Hauptlehen kamen in die Hände des Pfalzgrafen Gottfrieds von Kalwe, und von diesem an seinen Eidam den Herzog Welfo k). Dadurch geschah eine Verwirrung und Zerreißung des lorchischen Heerschildes, indem der Herzog seine Lehenleute unter dem altweltfürstlichen Heerschilde anführte, und folglich der geistliche Heerschild des Klosters um eine An-

i) *Chron. Laurisham. ap. Du Chesne T. III. Script. hist. Franc. p 78.* Qui communicato XII. illustr. fidelium suorum consilio, quo nunc ero etiam beneficialis summa militaris clypei, qui vulgo dicitur Hereschilt, Laureshamensis ecclesiae attinens includitur, singulis pro quantitate beneficiis centenos milites armatos -- assignauit, eosque distinctis ordinibus incedentes maxima frequentia insequens tam tutus quam ornatus Regis et Regni conspectui se obtulit.

k) *Ibid.* p. 88. Nam septem principalia beneficia, quae vulgo appellantur Vollehen morte septem nobiliss. Ecclesiae fidelium in vnam personam Godefridi in breui deuoluta sunt, et post ipsum ad generum eius Ducem Welephonem transierunt, maximo videlicet Ecclesiae detrimento. Exinde siquidem militaris clypeaturae, scilicet Hereschilt, integritas confusa atque in diuersa distracta est, et ecclesiae status tam in militari frequentia, quam in re stipendiaria in suis opportunitatibus et regalibus expeditionibus imminutus est multorum seruitiis in vnam personam collatis, solumque remansit inane nomen Domini et Hominis.

Anzahl vermindert war. Kaiser Heinrich IV. brachte endlich die Abtey durch Verstärkung ihres Heerschilds wieder in Aufnahme l). In dem longobardischen Geseze m) ist eine Stelle, daß der versammelte Haufen Weiber nicht beym Heerschilde gebraucht werden könnte, und in einer Urkunde n) heist es, eine gewisse Burg wäre mit dem Heerschilde gewunnen worden.

Reinald Damartin, Graf von Boulogne, spricht beym Wilhelm Brito o) zu König Johann von England:

Nam tibi nil Franci, nil Rex, nil bella tulissent
Gallica, ni clypeus imprimis noster adesset.

Caspar von Barth p) hat diese Stelle falsch verstanden. Clypeus bedeutet den Heerschild, d. i. eine ganze Schaar bewafneter Männer, und Galea, Helm, einen einzelen Rittersmann. Ein Schildlehen

l) *cit. l. p. 91.* Quae ideirco Rex remiserat, ne forte dignitas regalis abbatiae militari clypeo, qui vulgo Herescilt subtracto diminueretur. act. 3. Kl. Febr. a. 1147.

m) C. 110. §. 4. --- quia non potuimus mulierum collectionem ad Arshild assimilare.

n) ap. Schannat in Buchon. vet. p. 407.

o) Philipp. L. IX. v. 42. pag. 278.

p) in Comment. Cygneae 1658. pag. 585. 586.

hen, feudum clypei, ein solches Lehen, wovon ein ganzer Kriegshaufen unter einem eigenen Heerschilde ins Feld gestellt werden mußte.

Ich glaube auf diese Art die Lehre von den sieben Heerschilden, daß sie ursprünglich besondere Kriegshaufen gewesen q), außer allem Zweifel gesetzet zu haben. Es war zugleich ein gewisser Rang damit verknüpft, der sich theils auf die Unmittelbarkeit, theils auf die Lehensverbindung, theils auf die Dienstmannschaft, theils auf die Freygebohrenschaft gründete r).

Richard Stanihurst erzehlt in seiner Geschichte von Irrland m), daß der Adel in seinen Burgen gewisse Thurmwächter gehalten hätte, die gewohnt gewesen wären, durch Geschrei ein Zeichen ihrer Wachsamkeit zu geben, und den Gebieter von jedem feindlichen Ueberfalle des Schloßes zu benachrichtigen. Es scheinen die Burgunder ebenfalls dergleichen Hoch-

q) *Io. Schilter* in Comment. ad Ius feud. Alemann. C. 1. §. 1. p. 22. 23. *Estor* in Comment. de Minister. C. V. §. 290. pag. 425. sqq. *Mettingh* de statu Milit. Germ. Sect. IV. p. 257. 258. et Sect. V. p. 370. 371. *Henr. Chr. Senckenberg* Diss. de ordinibus Exercitus Germ. vulgo denen sieben Heerschilden. Giss. 1742. §. 2. p. 4.

r) *Boehmer* in Instit. Iur. feud. §. 96.

m) de reb. in Hibern. gest. L. I. p. 33.

Hochwächter gehabt zu haben, wie uns folgende Stelle beynahe nicht zweifeln läßt.

52. Forte Cavillonis Herricus sedit, et ecce
Attollens oculos speculator vociferatur;
Quaenam condenso consurgunt puluere nubes?
Vis inimica venit. Portas jam claudite cunctas.

Bey den alten Schotten findet man nur in Kriegszeiten dergleichen Anstalten. Ossians Fingal B. I.

Cuchullin klopfte den Schild den Lermenverbreiter, da waren
Plözlich die Wächter der Nacht in Bewegung. Das übrige Kriegsheer
Lag am sausenden Winde der Flächen des Wildes hinüber.

Temora B. I.

— Doch klopfe zuweilen den Schild! Sonst möchten sie kommen
Unter der Hülle der Nacht, und Morvens Ehre vernichten.

Die Helden pflegten oft bey großen Unternehmungen von andern berühmten Männern und von ihren Königen die Waffen zu entlehnen.

778. Tunc a Gunthario clypeum sibi postulat ipsum
Quintus ab inflato Hadawartus pectore lusus.

Wenn sie unglücklich geworden waren, so überließen sie ihr beßtes Gewehr andern, die im großen Rufe der Tapferkeit standen. Ossians Fingal B. IV.

— Dann sing ihm ein Siegslied,
Reize sein Ohr mit der lieblichen Kehle. So bring auch o Carril
Cathbaits Klinge zu Fingal mit hin, die Wehre der Väter
Cuchullins Hand verdient sie nicht mehr auf Feinde zu zücken.

Buch V.

— Doch soll ich
Unter dir fallen, Gebieter von Morven! Denn einmal ereilet
Jeden Krieger sein Tag, dann gib mir mitten auf Lena
Solch ein Grabmal, das über die Gräber der andern sich hebe;
Und dann sende mein Schwerd zu meiner Geliebten, die blauen
Fluthen hinüber. Sie soll es mit Zähren benetzen, und zeigen
Unserm Sohne, sein Herz zum Heldengefühle zu wecken.
Jüngling! du machst mich weich mit ahnungsvoller Erinnrung,
Sagte der König: ja jeglichen Krieger ereilet sein Tag einst,
Und sein veraltet Geschmeid erblicken die Kinder an Wänden.

Buch VIII.

— Da nimm du die Lanze von deinem Erzeuger
Ossian! hebe die Lanze zum Treffen, wenn Stolze sich aufthun. — —
Fingal sprach es, und gab mir den Spieß, und richtete plötzlich

Eine

Eine Trümmer empor. Sie sollte mit ihrem vergrauten
Moßigten Haupte den kommenden Zeiten den Vorgang erzehlen.
Unter die Trümmer vergrub er ein Schwerd, und eine der hellen
Buckeln des Schilds. — —

Unedlerer Wandrer! Du weißt nicht
Daß sich zur Vorzeit der Ruhm auf Lena verklärte. Den Speer gab
Fingal hier auf, nachdem er sein leztes Gefecht hier gefochten.

Temora B. I.

Die fühlende Seele des Helden
Hub sich empor. Er lößte den Dolch vom Gürtel, und gab ihn
Glänzend mir hin.

Carthon.

— Doch jene sind namhaft, die Fingal in seinen
Hallen bewirthet. Sie zeigen in fernen Gebieten die Waffen
Meiner Väter.

Schon zur Zeit des Tacitus n) pflegte der junge Adel in Teutschland, wenn ein langwieriger Friede sie in ihrem Vaterlande unbeschäftiget ließ,

 bey

n) *De mor. Germ* c. 14. Si ciuitas, in qua orti sunt, longa pace et otio torpeat: plerique nobilium adolescentium petunt vltro eas nationes, quae tum bellum aliquod gerunt, quia et ingrata genti quies, et facilius inter ancipitia clarescunt.

bey demjenigen Volke Kriegsdienste zu nehmen, das mit seinen Nachbarn Krieg führte. Wir treffen noch bey unserm Autor die Ambacti und Soldurii des Cäsars und die Comites des Tacitus in eben der genauen Verknüpfung und in eben der großen Abhänglichkeit von ihrem Lehenherrn an, wie es diese Schriftsteller angegeben haben. Noch opferten sie sich ganz für die Ehre und das Wohl ihres Herrn auf. Und auch der äußerst beleidigte Hagano hält sich für verpflichtet, für die Ehre seines Königs sich in die augenscheinlichste Lebensgefahr zu stürzen:

1103. Sed quia conspicio, te plus doluisse pudore,
Quam caedis damno, nec sic discedere velle;
Compatiar, propriusque dolor succumbit honori
Regis. — — — —
Ecce in non dubium pro te, Rex, ibo periclum.

Der König Günthar würde in dem Gefechte mit Walthern unfehlbar getödtet worden seyn, wenn ihn nicht noch zu rechter Zeit Hagano mit seinem Schilde bedeckt hätte:

1321. Ac Regem furto captum sic increpitauit,
Vt jam perculso sub cuspide genua labarent
Quem quoque continuo esurienti porgeret Orco,
Ni Hagano armipotens citius succurreret, atque
Obiecto dominum scuto muniret, et hosti
Nudam aciem saeui mucronis in ora tulisset.

Noch

Noch deutlicher dient diese Stelle aus dem Schluße des Gedichts.

Palluit exanguis domino recedente satelles.
Alpharides spatam tollens iterato cruentam
Ardebat lapso postremum infligere vulnus.
Immemor at proprii Hagano vir forte doloris
Iratum caput inclinans obiecit ad ictum.
Extensam cohibere manum nequiuerat heros,
Sed cassis fabrefacta diu meliúsque peracta
Excipit assultum.

und 1094. Quo me Domne vocas? quo te sequar, inclite Princeps
Quae nequeunt fieri, spondet fiducia cordis.

Den Worten Cäsars: si quid iis per vim accidat, aut eundem casum vna ferant, aut sibi mortem consciscant, neque adhuc hominum memoria repertus est quisquam, qui eo interfecto, cuius se amicitiae deuouisset, mori recusaret, zur Erläuterung. Nach dem Ammian Marcellin *) hielten es die Gefährten des Chnodomars Königs der Allemannen für eine Schandthat, den Unfall ihres Königs zu überleben, und gaben sich selbst gefangen. Eben so verpflichteten sich die Keltiberer ihren Königen, und haßten nach deren Tode alle Fortdauer des Lebens **).

*) Hist. L. XVI. c. 12.

**) *Servius ad Virgil. Georg.* IV. *pulchramque petunt per vulnera mortem.* Faxit autem hoc de Celtiberorum more, qui, vt in Sallustio legimus, se regibus deuouent, et post eos vitam refutant.

Wenn Tacitus nn) sagt: Cum ventum in aciem, turpe principi virtute vinci, turpe comitatui virtutem principis non adaequare, so bekräftigt ihn unser Autor ebenfalls an verschiedenen Orten und vorzüglich V. 941. ff. durch den Ausruf König Gunthars:

— Wie geschäh mir,
Wenn ich im Wasgau so unrühmlich würde!
Ein jeder eigne sich mein Herz zu. Ich)
Bin eh bereit zu sterben, als mit solchen
Verrichtungen nach Worms zurückzukehren.
— — — — —
Mit diesem Zuspruch feurt er wüthend die
Gemüther an, daß keiner mehr sein Leben
Noch sein Heil achtete. Beflissen, einer
Dem andern in dem Tod zuvorzukommen,
Wetteiferten sie, gleichwie im Ritterspiel.

Diese leztern Verse, die im lateinischen Original so lauten:

— — omnes
Fecerat immemores vitae, simul atque salutis,
Ac, vti in ludis alium praecurrere quisque
Ad mortem studuit.

erinnnern uns an eine andere Stelle des Tacitus: Magnaque et Comitum aemulatio, quibus primus apud principem suum locus, et principum, cui plurimi et acerrimi comites. Diese Gefährten der Könige werden von unserm Autor

1307. — Vassum praecedere suadens

schon

nn) De mor. Germ. c. 13.

schon Vasallen von dem Keltischen Gwas, Begleiter o), Gefährte genennt. Wenn man das Wort Vassus nicht ebenfalls beym Markulf oo) und in den ältesten Alemannischen p) und Bajerischen Gesezen q) anträfe, so hätte man mir über die Zeitbestimmung meines Monuments einen erheblichen Einwurf machen können. Allein durch diese Zeugnisse ist sein Zeitalter gerettet. Sonderbar ist es, daß die Anzahl der Vasallen Günthers gerade in zwölfen bestehet. Denn so viel hatte auch Odin bey seiner Einwanderung in Skandinavien bey sich, und nach diesem Beyspiele r) wurden alle hohe Gerichtshöfe und Rathsversammlungen im Mittelalter angeordnet. s) An der Tafelrunde befanden sich eben-

 falls

o) *Du Cange* in Gloss. latin. med. aeui Vol. VI. col. 1425.

oo) L. II. form. 17.

p) tit. 79. §. 3. q) tit. 3.

r) *Torfaeus in Vniuers. Septentr. Ant. L. I. p.* 147. In vrbe Sigtunensi Odinus principes constituit XII. ad imitationem Trojae, qui leges tuerentur et judicia exercerent secundum consuetudines Turcicas. Innuit idem Snorrius ... Odinus cum collegis XII. sacrificiis religiosis diuinisque honoribus coli ceperat. Hinc dimanasse videtur mos diu retentus in Septentrione in causis grauioribus XII. judices colligendi, quam Rolfus pedester s. Robertus, Wilhelmus Conquaestor in Angliam.

s) Vid. *Christ. Gottl. Buder* Diss. de judiciis duodecimviralibus populorum Septentr. et Germaniae. Ienae 1743.

falls nur 12 Ritter und das französische Reich besaß bis auf die spätere Zeit zwölf hohe Kronvasallen t). Mit ihren Vasallen mußten die alten teutschen Könige die im Kriege gemachte Beute theilen. Daher sagt Hagano zum Könige Günther:

615. — — Porrectam suscipe gazam,
Hac potis es decorare pater, te concomitantes.
und
635. — Nec consors sim spoliorum.

So groß auch das Ansehen und die Macht des fränkischen Königs Chlodewigs des Großen gewesen ist, so war er doch nicht vermögend, über ein Stück der vertheilten Beute zu gebieten. Klodewig hatte mit seinem Volke viele Kirchen geplündert. Es ersuchte ihn ein gewisser Bischof, ihm das seiner Kirche gehörige Gefäß wieder zurückzugeben. Jener war auch dazu bereit, und ließ den Bothen mit sich nach Soissons gehen, wo die Beute unter seinen Leuten vertheilt wurde. Hier ersuchte Klodewig dieselbe, daß sie ihm das Gefäß als einen Voraus geben möchten. Sie bewilligten es mit vieler sklavischer Ergebenheit. Nur Einer war dagegen, schlug dasselbe in Stücken, und antwortete dem König:

Nihil hinc accipies, nisi quae sors vera largitur.

Klodewig mußte diese Beleidigung sich gefallen laßen, und konnte sie erst nachher bey einer andern Gelegenheit rächen. u).

Die

t) *Buder.* cit. l. §. 16. p. 13.

u) *Gregor. Turon.* Histor. L. II. c. 28.

Die ersten Vasallen hatten keine Lehengüter sondern empfingen bloß ein Pferd, die Waffenrüstung und den Unterhalt zur Belohnung v). Erst nachdem die Teutschen in die römischen Staaten eingebrochen waren, und darinn sich feste Wohnsize erworben hatten, gab man den verdienstvollen Kriegern gewisses Landeigenthum zum lehenbaren Genuße. Das älteste Beyspiel von solchen Lehen finde ich bey dem Einbruche der Kimbern in Italien, also schon in der ältesten Epoche unsrer vaterländischen Geschichte. Die durch eine Ueberschwemmung der See aus ihren Wohnsizen verdrungene Kimbern, Teutonen und Tiguriner durchschweiften Europa, und da man sie aus Gallien und Spanien vertrieben hatte, so wendeten sie sich nach Italien, begehrten vom Römischen Volke ein Stück Land zum Kriegssolde, und versprachen dafür ihre Arme und Waffen gebrauchen zu lassen w). Die Comites nach der Beschreibung des Tacitus findet man auch bey den Schotten. Ossians Carthon:

Cathul erhub sich der erste voll Muths. Ihn hatte der tapfre
Lormar erzeuget. Ihm zogen zur Seite dreyhundert Gefährten

v) *Tacit.* de mor. Germ. c. 14.

w) *Flori rer. Roman.* L. III. c. 3. Misere legatos in castra Silani, inde ad senatum petentes, vt Martius populus aliquid sibi terrae daret quasi stipendium: caeterum, vt vellet, manibus atque armis suis vteretur.

Seines wäßrichten Heimaths Geschlecht. Doch
war er mit Carthon
Nicht zu vergleichen. Er stürzte zur Erde. Die
Seinen entwichen.

Attila scheint bereits seinen Vasallen Lehengüter zur Belohnung ihrer treuen Dienste gegeben zu haben. Denn er thut Walthern die Versprechung:

137. Amplificabo quidem pariter te rure domique x).

Dieser erwiedert darauf:

— Sed quod mei sergiamenti
Intuitu fertis, nunquam meruisse valerem.

Das ist vollkommen dem alten Lehensgebrauche gemäß, und daß wir bey den Hunnen Lehen finden, darf uns desto weniger wundern, indem wir sie fast bey allen Asiatischen und Afrikanischen Völkern antreffen y).

Bey den Befehdungen der Teutschen war es gewöhnlich, daß sie des Nachts die Wohnung ihres Feindes umringten, sie an allen vier Enden in Brand steckten, und so das Gebäude mit allen seinen

x) König Adelstein von England thut Egilln bey *Torfaeus P. II. Hist. Norwag. pag. 167.* ebenfalls die Anerbiethung: Tibi vero damnum fraterna caede acceptum postea rependam. Nam et agri, opes, officia, honores tibi in regno meo pro arbitrio tuo patebunt.

y) Nachricht von den Reisen Jakob Bruce Esq. durch Abyssinien; in den Erzehl. aus der wirkl. Welt B. I. St. I. S. 105. 106.

nen Einwohnern in die Asche legten. Obschon die Helden diese Todesart fürchteten, und sich auf alle Weise dafür hüteten, so treffen wir in unserer alten Geschichte davon die Beyspiele in Menge an z). Auf diese Gewohnheit zielt mein Autor, wenn er sagt:

319. Et licet ignicremis vellet dare moenia flammis
Nullus, qui causam potuisset scire, remansit.

Sowol das Salische Gesez a) als die Kapitularen Karls des Großen b) verboten diese Gattung der Befehdung. Dessen ohngeachtet dauerte sie bis auf die neuere Zeit fort c). Man nannte es, Einem den rothen Hahn aufsetzen, und die Peinliche Gesezgebung sah sich am Ende genöthiget, auf dieses Verbrechen die Todesstrafe zu sezen, und die Mordbrenne-

rey

z) *Cleffel* Antiquit. Germ. pot. Sept. selectae c. IV. §. 13. p. 182. sqq. Zu seinen Beyspielen gehören noch *Snorro Sturlaes* ap. *Bartholin*. p. 444. *Torfaeus* Hist. Norweg. P. I. L. IV. c. 9. p. 188. P. II. L. II. c. 15. p. 134.

a) *Pact. L. Sal. tit.* 29. si quis casam quamlibet, intus dormientibus hominibus, incenderit. -- -- si aliqui ibidem remanserint. -- sol. C. culpabilis judicetur.

b) *Cap. VIII.* De incendio conuenit, quod nullus intra patriam praesumat facere propter iram aut inimicitiam aut qualibet maleuola cupiditate, excepto si talis fuerit rebellis. — —

c) Von Pistorius Abhandl. von den Befehdungen, Anh. zum Goez von Berlichingen.

ren unter die vier hohe Peinliche Fraischfälle zu rechnen d).

Obschon unser epischer Dichter selbst ein christlicher Mönch gewesen ist, und er auch zween Hauptfiguren seines Gedichts als Christen erscheinen läßt, so beobachtet er doch in Ansehung der Franken ein so richtiges Kostume, daß er uns nicht zweifeln läßt, daß er bald nach diesen Zeiten seine Nachrichten aufgezeichnet hat. Der Vers

1036. Nec manes ridere videas. —

den er einem Franken Trogunt in den Mund legt, stimmt mit den heidnischen Grundsäzen dieser Völkerschaft vollkommen überein, die erst im folgenden Jahrhunderte zur christlichen Religion bekehret worden ist. Denn die Kelten und Germanen glaubten, die Seelen der Verstorbenen stiegen aus der Wallhalle hernieder, um Zeugen von den Heldenthaten ihrer Nachkommen zu seyn. Niemand hat davon mehrere Nachrichten geliefert, als Ossian. Fingal B. I.

Aber die Geister der jezund im Treffen erschlagnen, die schwebten
Näher auf düsteren Wolken heran. Man hörte durchs hohle
Schweigen von Lena von fern ein heischeres Leichengewinsel.

Buch VI.

— Auf rauschenden Wirbeln erschienen die Geister,
Derer

d) Dreyers Nebenstunden S. 69. ff.

Deren Thaten er sang, und hiengen in lüsterner Stellung
Sichtbar herunter dem schmeichelnden Schalle des Lebens zu lauschen.

Buch VII.

— — Zur tödtlichen Lanze
Griff er der König, und schlug den tiefauftönenden Schild an.
Lustig hieng er, der schreckliche Both des Gefechtes in Nacht aus.
Geister entwichen von jeglicher Seite; sie rollten im Winde
Ihre Gestalten zusammen.

Cathloda II. Gesang.

— Wer leitet aus uns im Gesichte des Königs
Izo das Treffen? Es ruft der Nebel aus jenen vier trüben
Hügeln. Ein jeglicher Führer erwähle sich Einen, und klopfe
Mitten im Nebel den Schild. Vielleicht daß Geister im Dunkel
Niedersinken, und einen aus Uns zum Gefechte bestimmen. —
Jeder verwandte sich hin zu seinem benebelten Hügel,
Barden belauschten den Ausklang der Schilde.
Duthmarun! von deiner
Wölbung ergieng das gewaltigste Schallen. Du leitest ins Treffen.

Temora B. IV.

— Man sieht in Entfernung das furchtbare Wandeln

Grauer

Grauer Gespenster im Felde. Die Geister von jenen, die fielen,
Hangen herunter, ihr Grablied zu hören. Gebeut du den Harfen,
Daß sie die Todten auf ihren verbrausenden Wirbeln erheitern.

Krieg mit dem Cares.

— Denn Oscar verfügt sich
Izt zur Versammlung der Vorwelt, den Schatten des schweigenden Ardven
Seine Väter zu sehen, die düster auf ihrem Gewölke
Sizen den künftigen Streit zu betrachten.

Macpherson versichert, daß noch jezo unter den Hochländern in Schottland der Wahn herrsche, daß die Seelen der Verstorbenen ihre lebenden Freunde umschwebten, und ihnen bey großen Unternehmungen erschienen. Ossians Fingal B. I.

Ruhe beglücke die Seelen der Helden! — namhaft
War in Gefahren ihr Muth. Sie sollen von Wolken getragen
Schweben um mich.

Daher sie manchmal besondere Gebete an sie richteten, wie hier bey Ossian:

Ihr Geister meiner Väter!
O neiget euch hernieder
Aus eurem Gewölke!
Verbergt die rothen Schrecken,
In welchen ihr umherfliegt.
Empfanget ihn den Führer,
Der izt sein Leben endet.

Es sey von fernen Landen
Es sey vom regen Meere!
Bereitet ihm sein Duftkleid
Den Speer aus einer Wolke
Gestaltet. Halbverglühet
Beziere seine Seite
Ein Dampf, anstatt des Schwerdtes.
Und Väter; seid gebethen
Ihn Menschenhold zu bilden,
Daß, wenn er einst erscheinet,
Sich seine Freunde freuen.
O neiget euch hernieder
Ihr Geister meiner Väter!

Fingal B. II.

Aber ihr Schatten des einsamen Cromlachs, ihr Seelen der Helden
Welche vormals geblüht! Euch nenn ich in Zukunft die Freunde
Cuchullins! Eilet herab zur Höhle, die meinen Verlust birgt!
Sprechet mit mir! Mein Name ist unter den Großen auf Erden
Jezo getilget.

Wenn Walther bey der Zusammenkunft mit der Prinzeßin Hildgund, sie umarmt und küßt,

222. Cui post amplexus atque oscula dulcia dixit:

so folgte er dem Gebrauche der ersten christlichen Kirche, welche vermög einer apostolischen Tradition den Gläubigen befahl, sich unter einander mit dem Kuße zu grüßen. e)

Ueber-

e) Innocent. Ciron. Observat. Iur. Can. L. I. c. 14. p. 19. 20.

Ueberhaupt wirds wol keines stärkern Beweises für das Alter unsers Monuments bedürfen, als derjenige ist, den man aus der christlichen Religionsverfassung hernimmt, die darinn beobachtet wird. Ueberall zeigt sich ein unverfälschter, von Hildebrandeten, Aberglauben und Schwärmerey unentstellter Gottesdienst. Noch keine Spur von Anbetung einer Mutter Gottes und der Heiligen. Nirgends keine Fabeln von christlichen Wunderwerken, sondern lauter solche Andachtsergießungen für den einigen Gott, wie sie in den ersten Jahrhunderten des Christenthums üblich waren. Es kommen dabey auch Beschreibungen einiger christlichen Gebräuche vor, die höchstens nur bis ins VI Jahrhundert gedauert haben, und uns also schlechterdings kein jüngeres Zeitalter für die Verfertigung des Gedichts annehmen lassen. Man sehe einmal diese Stelle f) nach Molters Uebersezung:

— Dann wandt' er sich hin nach den Rümpfen,
Mit bangem Seufzen, und umhüllt sein Haupt,
Wirft seinen Leib dann gegen Osten nieder
Und bethet mit entblößtem Schwerdte so:
Der alles einst erschuf, der alles noch
Beherrscht, und ohne dessen Wink und Willen
Nichts je geschieht; dem dank ich, daß er mich
Vor dieses feindlichen Schwarms ruchlosen Waffen
Und

f) 1153. Quo facto ad truncos sese conuertit amaros
Cum gemitu, circumque suum caput applicat, atque
Contra orientalem prostratus corpore partem,
Ac nudum retinens ensem has cum voce precatur.

Und Schmähungen geschüzt hat. Auch mit Wehmuth
Fleh ich den gütigen Gott, der nicht sowol
Die Sünder als die Sünde zu vertilgen
Sucht, daß er einst die Gnade mir verleihe,
Sie insgesamt im Himmel zu erblicken.

Die ersten Christen pflegten über die Todten, bevor sie sie beerdigten, ein Gebeth auszusprechen, und für ihre Seelen bey Gott eine Vorbitte zu thun g). Man beobachtete das schon bey dem Leichenbegängniß Kaiser Konstantin des Großen h), und nachher kommen Zeugnisse darüber beym Gregorius Nyssenus i) und Dionysius Areopagita k) vor. Daß dieser christliche Gebrauch noch in der Mitte des V. Jahrhunderts, also zur Zeit, wo sich die Begebenheiten unsers Dichters ereignet haben, in Uebung gewe-

g) *Barth* Aduers. Lib. L. c. 5. col. 2340.
I. E. F. V. L. Antiquitat. circa funera et ritus veterum Christian. Lips. 1713. L. III. c. 12. pag. 171. sqq.

h) *Euseb. de vita Constant. L. IV.* c. 71. Innumerabilis autem populus vna cum sacerdotibus Dei non sine gemitu ac lacrimis pro Imperatoris anima preces Deo obtulere.

i) Ubi intra fores templi constitimus demum deposito feretro nos ad precationem conuertimus.

k) *Hierarch. Eccl.* c. 7. His finitis accedens diuinus antistes sanctissimam precationem super illum facit.

gewesen ist, zeigt der Mönch Herrich im Leben des h. Germans, Bischofs von Auxerre, L. VI. v. 194.

Vtque est Christicolis ritusque et cura salubris
Functam muneribus, violenta sorte caducis
Commendant animam, cui viuunt omnia regi
Hinc remeare parant.

Wir sehen in der oben angeführten Stelle Walthern vor Anfange des Gebeths sein Gesicht verhüllen, welches schon die Heiden zu thun gewohnt waren, und das noch heutzutage wenigstens durch Vorhaltung eines Huths oder der Hände andächtige Christen fortsezen, um in ihrer Andacht ungestört zu bleiben. Die Heiden pflegten dabey ihr Gesicht gegen Morgen zu kehren l). Eben das geschah von den ersten Christen, zum Zeugnisse, daß alles Heil aus dem Morgenlande gekommen ist m), und es wird noch diese Stunde von einer gewissen ehrwürdigen Gesellschaft beobachtet. Walther folgt also dem Gebrauche seiner Zeit, wenn er sich bey seinem Gebete gegen Morgen auf die Erde hinwirft:

Contra orientalem prostratus corpore partem —

Ac nudum retinens ensem heist es weiter. Er hielt während der Andacht den bloßen Degen in der Hand.

l) *Io. Iacob. Chiflet.* in Vesont. P. I. c. 25. pag. 85.

m) *Tertull.* in Apolog. c. 16. *Procbor.* in vita B. Io. Pseudolin. L. II. de pass. Pauli. *Walafr. Strab.* L. de reb. Eccl. c. 3.

Hand. Gleichwie die katholische Kirche eine Menge gottesdienstlicher Gebräuche aus dem Heidenthume angenommen hat, so geschah es auch mit dieser Sitte. Die alten Teutschen verehrten ihre Schwerdter als Heiligthümer, und legten darauf ihre Eidschwüre ab n). Nachdem sie die christliche Religion angenommen hatten, so geschah von ihnen bey jeder feyerlichen Handlung des Gottesdiensts eine Entblößung des Degens zum Zeichen ihrer Ehrerbietung. Vorzüglich thaten das in der spätern Zeit die Ritter.

Man trift bey meinem Autor keine einige von den Ceremonien der heutigen Römischen Kirche außer dem Kreuzmachen an, welches Walthar bey Empfangung eines Kelchs mit Wein thut.

223. Porrexit viro, qui signans accipiebat.

Es war aber dieses der Gebrauch der ersten Kirche, wie es sowohl der gleichlebende Dichter Corippus

n) *Ammian. Marcellin.* L. XVII. c. 12. et L. XXXI.
Venant. Fortunat. L. VI. poem. 11.
Gregor. Turon. Hist. L. IV. c. 46. L. XI. c. 11. 23.
Adam. Brem. c. 30.
De Vertot. Diss. de l'ancien forme des sermens. Tome II. des Mem. de l'Acad. de Paris p. 650.
J. C. H. Dreyer Anmerkungen über die Gewohnheit die Eide an der Klinge des Degens abzulegen. Th. 1. der vermischt. Abhandl. S. 173. ff.

Africanus o), als Prudentius p), Tertullian q) und Pabst Gregor der Große r) bezeugen. Folglich läßt sich aus jenem Umstande ebenfalls kein jüngeres Zeitalter muthmaßen.

Da wir ebenda ein altes christliches Leichenbegängnis kennen gelernt haben, so wird es keine allzugrose Abschweifung seyn, wenn ich jezo die Beschreibung eines heidnischen Begräbnisses aus dem Ossian ausführlich einrücke, das ohngefehr zu ebenderselben Zeit bey den germanischen Kaledoniern üblich gewesen ist.

Colnadona.

—— Wir hatten drey Barden mit Liedern. Vor uns her
Wurden drey wölbende Schilde getragen. Die Trümmer zu sezen
Zogen wir hin, die Zeuginn geschehener Thaten; denn Fingal
Hatte die Feinde zerstreut an Cronas moosigtem Laufe.

—— ——

Unter den Barden-Gesängen ergrif ich vom Strome des Crona
Eine Trümmer. Noch hieng von Fingals Feinden an ihrem

Moose

o) *de laud. Iustin. L. II. v. 300.*
Egreditur cum luce sua, frontemque serenam
Armauit sancti faciens signacula ligni.

p) Cathem. V.

q) L. II. ad vxor. c. 5.

r) L. IV. Dialog. c. 38.

Moose geronnenes Blut. Drey Buckeln von feindlichen Schilden
Legt ich unter die Trümmer. So wie sich der Nachtgesang Ullins
Schwang und senkte, so legt' ich die Buckeln. Ein Dolch und ein Panzer
Rasselnd von Stahl, der wurde von Toscar in Erde begraben.
Und wir umwallten den Stein, und hießen zur Nachtzeit ihn sprechen:
Moosigte Tochter des Stroms, izt hoch empöret, o Trümmer!
Wenn das Geschlecht von Selma dahin ist, dann rede zum Feigen! —
Müde, der stürmischen Nacht entgangen, schmieget der Wandrer
Einst sich zu ruhen an dich. Dann zischet dein Mooswuchs in seine
Träume, dann kehren verflossene Jahre, dann treten ihm Schlachten
Vor das Gesicht, blauschildigte Könige ziehen zum Kampf aus.
Dämmernd blicket der Mond vom Himmel das störrische Feld an. —
Und er entstarret am Morgen den Träumen, und schauet von Kriegern
Gräber um sich. Da forscht er vom Steine, da sagen ihm Greißen:
Ossian pflanzte den graulichen Stein, ein Führer der Vorwelt.
Carul bestellte die Eiche der Feyer, zwo Buckeln von unsern
Schilden ergrif er, vertraute sie beide der Erde mit einem

Steine bedecket dem Heldengeschlechte zur Warnung. Empören
Schlachten sich einst: so sagte der König: und rüsten sich unsere Kinder
Einander mit Wuth zu begegnen, daß etwa die meinen,
Wann sie die Speere bereiten, den Stein erblicken, und sagen:
Lebten nicht unsere Väter in Frieden? und legen den Schild weg.

Die ältesten teutschen Monumente sind sehr genau in der Psychologischen Beschreibung der Leidenschaften ihrer Helden. Ich will von der großen Anzahl Beyspiele nur Eines hersezen. In einer gewissen Nordischen Sage l) wird der Unmuth des Eigills über die ungerechte Vertheilung der Beute also geschildert: Eigill sezte sich zu der Tafel des König Adelsteins von England mit dem Helm auf dem Haupte, legte den Schild unter seine Füße und den Degen in der Scheide auf seine Knie, den er von Zeit zu Zeit herauszog und wieder einsteckte. Er saß aufrecht, mit bloßem Angesichte, und den wilden Blick verfinsterten noch mehr die übrigen Gesichtszüge. Die Wangen waren aufgeblasen und schwellend, die großen Augbraunen reichten zusammen, die Augäpfel und das ganze Auge war schwarz und dunkel, die Nase kurz und dicke, eben so das Kinn, die Lippen aufgeworfen, der Barth rauh, der Nacken steif, die Stirne breit, die Schultern stark, das Haar dunkelbraun, von ungeheurer Ge-

l) *Thorm. Torfaei* Hist. Norwag. P. II. pag. 166.

Gestalt war seine ganze Person, und so oft er in Zorn gerieth, so zeigte sich auf jedem seiner Gesichtszüge Wildheit. Jezo von Zorn und Schmerz durchdrungen ließ er seine Augbraunen bald auf die Wangen herabsenken, und bald zog er sie bis an die Spitze der Stirne hinauf, und wieß jeden Becher von sich, der ihm zugetrunken wurde.

Das Nordische Frauenzimmer besaß viele Kenntnis in der Physiognomie. Beym Saxo dem Grammatiker sind davon ganz auffallende Beweise. Eine gewisse Dame Suanhuita betrachtete genauer die Gesichtszüge eines Fremdlings, und rief aus: der blendende Glanz deiner Augen zeigt, daß du von Königen und nicht von Sklaven abstammst, deine Gestalt verräth deine Abkunft, und das Feuer deiner Augen die Erhabenheit deiner Geburth. Die äußere Lebhaftigkeit deiner Augenlieder beweist die innere Stärke deines Geistes u. s. w. t) Von ei-

 nem

t) *Sax. Gramm. Hist. Dan. L. II. pag. 23.* Tunc Suanhuita speciosissimum lineamentorum eius habitum curiosiori contemplatione lustratum impensius admirata; Regibus te non seruis editum praeradians luminum vibratus eloquitur. Forma prosapiam pandit, et in oculorum micatu naturae venustas elucet. Acritas visus ortus excellentiam praefert. Nec humili loco natum liquet, quem certissima nobilitatis index pulcritudo commendat. Exterior pupillarum alacritas interni fulgoris genium confitetur. Facies fidem generi

nem andern Frauenzimmer heist es u), sie wäre gewohnt gewesen, die Gesichter der angekommenen Gäste mit dem Lichte näher zu untersuchen und genau zu betrachten, um desto gewisser sich von ihren Sitten und ihrer Lebensart zu unterrichten. Sie hätte aus den Gesichtszügen das Geschlecht und die Abstammung beurtheilen, und aus der Lebhaftigkeit der Augen die Geburt unterscheiden können.

Als

generi facit, et in luculentia vultus maiorum claritudo respicitur. Neque enim tam comis tamque ingenua species ab ignobili potuit auctore profundi. Sanguinis decus cognato frontem decore perfundit et in oris speculo conditio natiua resultat. Minime ergo tam spectati caelaminis simulacrum obscurus opifex absoluit.

u) *Id. L. VII. p. 141.* Consueuerat virgo hospitum vultus propius accedendo quam curiosissimo praelato lumine contemplari, quo certius susceptorum mores cultumque perspiceret. Eandem quoque creditam ex notis atque lineamentis oris conspectorum perpendisse prosapiam solaque visus sagacitate cuiuslibet sanguinis habitum discreuisse. Quae cum Olonem scrutabundis adgressa luminibus constitisset, inusitato oculorum eius horrore perstricta paene exanimis concidit. Ac vbi sensim redditus vigor spiritusque liberius meare ceperat, rursum iuuenem conspicari conata lapsu repente corpore seu mente capta procubuit. Tertio quoque dum clausam deiectamque aciem attollere nititur, non modo oculorum motu certe etiam pedum regimine defecta subito lapsu cecidit. Adeo vigorem stupor hebetat?

Als sie aber einsmals einen gewissen Olo auf ebendie Art beobachtete, so wäre sie durch den Strahl seiner Augen so sehr entsezt worden, daß sie zur Erde niedergestürzt wäre.

Walther wurde durch gewisse fremde Fische, die er dem Fährmanne bey seiner Uebersezung über den Rhein zu Fährgeld gegeben, und dieser in die königliche Küche gebracht hatte, an den fränkischen König Günther verrathen, weil das Rheinische Franzien dergleichen Fische nicht hervorbrachte.

432. Illic pro naulo pisces dedit antea captos
Et mox transpositus graditur properanter anhelus
— — —
Portitor exsurgens praefatam venit in vrbem
Regalique Coco, reliquorum quippe magistro
Detulerat pisces, quos vir dedit ille viator.
Hos cum pigmentis condisset et apposuisset
Regi Gunthario, miratus fatur ab alto:
Istiuscemodi nunquam mihi Francia pisces
Ostendit, reor externis a finibus illos.

Aus dem Cassiodor v) lernen wir, daß es Donaukarpfen gewesen sind, welche Fische damals nur in der Donau gefangen, und niemals bey Privatpersonen, sondern nur an königlichen Tafeln aufge-

v) *Var. L. XII. Epist. IV.* Priuati est habere, quod locus continet: in principali Conuiuio hoc decet exquiri, quod visum debeat admirari. Destinet Carpam Danubius, a Rheno veniat Ancorago.

rischt wurden. Eben so brachte nach dem Venantius Fortunatus w) der Rhein damals nur Stöhre und Salmen hervor, die von gleichem Werthe waren. Es geschieht zugleich in jener Stelle die erste Meldung von einem fränkischen Erzdruchseßen, oder Oberküchenmeister, welches wahrscheinlich die älteste Nachricht ist.

Regalique Coco reliquorum quippe magistro.

Wenn die Kelten und Germanen einzele Besuche erhielten, so ließen sie ihre Gäste durch ihre Töchter, oder andere junge Frauenzimmer, die ohnehin die Aufsicht über die ganze Wirthschaft hatten, x) mit Erfrischungen bedienen. Also versah die Königin Bathild zuerst die Stelle eines Mundschenken in dem Kabinette des fränkischen Königs y), und die schöne Tochter des Sächsischen Heerführers Hengsts wußte durch ähnliche Aufwartungen den König Vortigern der Britten zu fesseln z). In den Nordischen Sagen a) stoßen wir alle Augenblicke auf

w) *De Gogone Domest.*
Si prope fluctivagi remoratur litora Rheni
Vt Salmonis adeps rete trahatur aquis.
Idyll. de nav. suo L. X. ep. 12.
Praesentatur item mensae Rheni aduena civis
Turbaque quo residens gratificatur edens.

x) *Priscus* in excerpt. Legat. pag. 68.

y) Vita S. Bathild. Reginae c. 1.

z) *Nennius* de orig. Britann. c. 36.

a) *Thormod. Torfaeus* Hist. Noruag. P. II. p. 90.

auf Beyspiele, daß die Töchter vom Hause die ankommenden Fremden bewirthet haben. Dies ist die Ursache, warum Walther in dem Gemache Attilas von der Prinzeßin Hildegund zu trinken begehrt und erhält.

217. — — intrauerat aulam;
Lassus enim fuerat, regisque cubile petebat.
Illic Hiltgundem solam offendit residentem;
Cui post amplexus atque oscula dulcia dixit:
Occius huc potum ferto, nam fessus anhelo.
Illa mero tallum complevit mox pretiosum
Porrexitque viro, qui signans accipiebat.

Bey großen Gastmahlen versahen dieses Amt die Mannspersonen, und zwar in großer Anzahl, so daß oft jeder Gast seinen eigenen Mundschenken hatte b).

309. Ocius accurrunt pincernae, moxque recurrunt
Pocula plena dabant, et inania suscipiebant.

Der Sophiste Priskus c) versichert dieses von den Hunnischen Gastmahlen ausdrücklich, und sagt, daß die Mundschenken eines jeglichen Gastes, nachdem derjenige des Attila seinen Herrn bedient gehabt, in einer gewissen Ordnung ihnen aufgewartet hätten.

In

b) *Priscus p. 66.* Vnicuique vero vnus pocillator aderat, quem pincerna Attilae exeunte introire suo ordine oportuit.

c) In Excerpt. legat. pag. 53.

In diesem Zeitalter war es bey allen barbarischen Europäern Sitte, dem Frauenzimmer die Sorge über die Wirthschaft und alle häuslichen Angelegenheiten zu überlassen, indeß sich die Männer mit dem Kriegshandwerke und mit der Jagd beschäftigten. Ich will hierüber keine Zeugnisse aus unserer alten Geschichte aufsammeln, und zeigen, daß unsere ersten Königinnen die Verwaltung der Staatseinkünfte, die Aufsicht über den königlichen Schaz, und die Einrichtung des Hofstaats besessen haben. Sie sind zu bekannt d). Hier läßt sich bloß die Bemerkung anhängen, daß bey den Hunnen ebendieselbe Verfassung gewesen ist. Priskus sagt, zu seiner Zeit hätte die Gemahlin des Attila, die Recca hieß, die Aufsicht über die ganze königliche Hofhaltung gehabt. Nachher scheint die Prinzeßin Hildegund unter der Königin Ospiru dieses Geschäfte bekommen zu haben.

109. Virgo etiam captiua Deo praestante supremo
Reginae vultum placauit, et auxit amorem
Moribus eximiis operumque industria habundans
Postremum custos thesauris prouida cunctis
Efficitur, modicumque deest, quin regnet et ipsa
Nam, quicquid voluit, de rebus fecit et actis.

Auf

d) Meine Abhandl. über die Geschichte des Despotismus in Teutschland. Halle beym Waisenhaus 1780. S. 35. ff.

Auf diese Verrichtungen zielt Vers 281.

279. Tu tamen interea mediocriter vtere vino
Atque sitim vix ad mensam restinguere cura;
Cum reliqui surgant, ad opuscula nota recurre.

Nach Tische pflegte der Hauswirth selbst den Gästen das Trinkgeschirr zu überreichen, welches sie auf einmal ausleeren mußten.

301. Postque epulis absumpta quies, mensaeque re-
motae
Heros jam dictus dominum laetanter adorsus
Inquit, in hoc regno clarescat gratia vestra
Vt vos imprimis reliquos nunc laetificetis.
Et simul in verbo nappam dedit arte peractam
Ordine sculpturae referentem gesta piorum;
Quam rex accipiens haustu vacuauerat vno,
Confestimque jubet reliquos imitarier omnes.

Diese Art von Wettgetränken sah schon Priskus: Secundo sedente et reliquis deinceps ad hunc modum honore affectis Attilas nos ex Thracum instituto ad parium poculorum certamen prouocauit. Die Hunnen hatten noch einen Gebrauch, der mit dem Brüderschafttrinken unter den Studenten auf Universitäten viele Aehnlichkeit hat. Tum vnusquisque eorum sagt Priskus weiter, qui aderant, surgens scythica comitate poculum plenum nobis porrexit, et eum, qui bibebat, amplexus et osculatus illud accepit. Schon vor Tische that man mit einem Glase Bescheid.

scheid. Jeder, dessen Gesundheit Attila bey Tische getrunken hatte, mußte während der Zeit aufstehen. Es wurde ihm darauf diese Ehre von jedem Gaste nach der Reihe erwiedert. Dann geschah das Wettgetränke, nach welchem sich alle Mundschenken aus dem Saale entfernten. Man war damals schon gewohnt, die Speisen zu verschiedenen Trachten aufzutischen. Daher, als die erste Tracht abgespeist war, stand die ganze Tischgesellschaft von der Tafel auf, und nun mußte jeder Gast, ehe er sich wieder sezen durfte, einen Becher auf das Wohl Attilas ausleeren, und das wurde ebenso bey den weiteren Veränderungen der Speisen beobachtet. Nach aufgehobener Tafel wurde das Trinken stehend bis in die späte Nacht fortgesezt e). Caspar von Barth f) macht über diese Beschreibung des Priskus die Anmerkung, daß der heutige Gebrauch der Europäer noch eben derselbe wäre. Ebendie Stellung der Tafeln, ebendie Ordnung der Gäste, das Vortrinken, Gesundheittrinken, Aufstehen des Trinkers, Anfang mit dem Wolseyn des Königs, Einsezung und Anordnung der Speisen und übrige Tischunterhaltungen.

Es war bey unsern Voreltern sehr üblich, dem vornehmsten Gaste auf eben die Art, wie es hier Walthar gegen den Attila beobachtete, nach Tische fey-

e) *Priscus* in excerpt. Legat. pag. 66.

f) Aduersar. L. LVI. c. 15. col. 2662.

feyerlich ein Trinkgefäß zu überreichen. Die junge Gräfin Irmingard von Narbonne ließ nicht nur den Grafen Rognwald von den Orkneyinseln aufs prächtigste bewirthen, sondern trat nach aufgehobener Tafel im Gefolge ihrer vornehmsten Hofdamen selbst in den Speisesaal. Sie war kostbar geschmückt, hatte ihre Haare, die ihr sehr lang über die Schultern herabhiengen, mit Goldspangen geziert, und hielt in der Hand eine goldene Schale, worein sie Wein goß, und sie dem Grafen selbst überreichte. g). Es war dieses ein Zeichen der besondern Hochachtung und zugleich eine stillschweigende Anbietung ihrer Person und ihrer Güter. Ein gewisser Nordischer König ließ nach der Tafel seinen Gästen eine ganze Tonne Bier vorsezen, und versah dabey selbst die Stelle eines Mundschenken. Als er aber mit vieler Geschäftigkeit in dem Schloße hin und her lief,

g) *Thorm. Torfaei Orcades seu rer. Orcad. historia. L. I. c. 31. p. 123.* --- in complures dies conuiuium extractum est, horum uno ipsa virgo, magno nobilissimarum matronarum, virginumque comitatu stipata, triclinium vbi conuiuabantur, pretiosa veste induta, ingressa aurea lamina frontem exornans, promissa coma more virginibus illo tempore solenni spectabilis manu pateram auream gestans Comitem salutauit, vinum deinceps infundens, praeludentibus virginibus ei porrexit, ipse patera manuque eius simul arrepta, eam in sede apud se collocauit, multaque ea die cum ea confabulatus, carmen in honorem eius fecit et cecinit.

lief, so stürzte er unversehens in diese Tonne, und ertrank h).

Die fränkischen Reiche hatten gleich den übrigen Germanischen Staaten eine monarchisch demokratische Staatsverfassung i). Es konnte kein Regierungsgeschäft und keine Staatsangelegenheit ohne das Gutachten und die Bewilligung der Stände des Reichs zur Vollziehung kommen.

Von dem Westgothischen Könige Alarich haben wir diese Stelle beym Claudian De bell. Get. v. 479.

Occultat tamen ore metum, primosque suorum
Consultare jubet bellis annisque verendos
Crinigeri sedere patres, pellita Getarum curia.

und Gregor von Tours k) sagt von den Burgundischen Königen, sie wären gewohnt gewesen, alle wich-

h) *Saxo Grammat. in Hist. Dan. pag.* 27. Eximiae capacitatis dolium cereali liquore completum delitiarum loco medium conuiuio apponi praecepit, et ne quid celebritatis deesset ipse ministri partibus assumptis, pincernam agere conctatus non est. Cumque exequendi officii gratia regiam perlustraret, offenso gradu in dolium collapsus interclusum humore spiritum reddidit.

i) *Io. Iac. Sorberi* Comment. de Comitiis Vet. German. antiquis. Ienae 1745. et Vol. II. Francof. et Lips. 1749. Freyherr von Herzberg Abhandl. über die beste Regierungsform S. 12.

k) Hist. L. I. c. 22.

wichtigen Geschäfte auf der Versammlung ihrer Großen abzuthun. Adam von Bremen l) erzehlt von den alten Königen in Schweden, daß ihre Macht von der Willkühr ihres Volks ganz abgehangen hätte, und sie dasjenige hätten bestätigen müssen, was von der Gemeinde beschloßen worden wäre. Der fränkische König Chlothar gab über eine gewisse Angelegenheit der Königin Brunehild von Austrasien die Antwort, daß sie eine Versammlung des fränkischen Reichsadels halten, und darauf über dergleichen gemeinschaftliche Angelegenheiten in einer gemeinen Unterhandlung berathschlagen müßte, Er würde sich ihrem Ausspruche unterwerfen, und keinerley Verordnungen dagegen ergehen lassen m). Selbst die Gesetze wurden auf den Reichstägen gemacht n).

Unser Autor läßt also seinen König Gunthar der gleichzeitigen Staatsverfassung gemäß handeln, wenn er von ihm sagt:

Qui non confidens armis vel robore plebis,
Concilium cogit, quae sint facienda requirit.
Consensere omnes: foedus debere precari.

und

l) de situ Dan. p. 102.

m) Aimoin. L IV. c. 1.

n) welches zwey merkwürdige Monumente bezeugen, die ich im Comment. des Gedichts pag. 26. angeführt habe

und von Herrich König von Burgund: Cunctos compellat; sic seniores.

Die barbarischen Nazionen pflegten um diese Zeit den Völkern, die sich ihnen gutwillig unterworfen hatten, gewisse Schazungen aufzulegen. Der byzantinische Gesandte Priskus o) bemerkt, daß die Vernachläßigung der Kriegskunst und der Waffenübung bey den Römern die Ursache gewesen wäre, warum das Römische Reich sowol den Hunnen als den übrigen Barbaren hätte Tribut bezahlen müssen. In den Lobgesängen des Attila p) hieß es, daß er beide Römische Monarchien nach der Eroberung ihrer Städte erschüttert, und damit er sich nicht auch den Ueberrest zueignete, bloß durch Bitten hätte bewegen lassen, und dafür eine jährliche Steuer angenommen. Die Franken legten nach der Eroberung des burgundischen Staats auf alle Oerter, die diesem Volke ehemals unterwürfig gewesen waren, gewisse Schazungen q). Hieraus rechtfertigen sich nun folgende Stellen meines Autors als ächt.

22. Consensere omnes: foedus debere precari.

— — — —

Obsidibusque datis censum persoluere jussum.

58. Si gens tam fortis, cui nos simulare nequimus,
Cessit Pannoniae, qua nos virtute putatis

Huic

o) int. excerpt. Legat. pag. 34.

p) ap. *Iornand*. de reb. Get. pag. 479.

q) *Procop*. de bello Goth. L. I. c. 13.

Huic conferre manum, et patriam defendere dulcem
Est satius pactum faciant, censumque capessant.
Postquam complevit pactum, statuitque tributum
Attila in occiduas promouerat agmina partes.

Ein Volk, das dem andern dergleichen Geld bezahlte, würdigte sich herab, und ward als abhängig minder geschäzt. Seine Verbindung mit der andern Nazion war ein ungleiches Staatsbündnis r). Attila machte dem Kaiser Theodosius II. den Vorwurf, daß er durch die Bezahlung des Tributs an ihn seinen väterlichen Adel verlohren, und sein Diener geworden wäre s). Beym Gregor von Tours t) wird es als eine große Beschwerde angesehen, daß man einige freygebohrne Franken zum Tribute genöthiget hatte. Einige

r) *Grotius* de jure belli ac pacis L. I. c. 3. §. 21. p. 61. *Pufendorff* de jure Nat. et Gent. L. VIII. c. 9. §. 4. p. 1310.

s) *Grot. de I. B.* A. P. L. I. c. 3. §. 22. p. 64. *Priscus Soph. int. excerpta legat.* p. 39. Theodosium quidem clari patris et nobilis esse filium; Attilam quoque nobilis parentis esse stirpem, et patrem eius Mundiuchum acceptam a patre nobilitatem integram conseruasse, sed Theodosium tradita a patre nobilitat. xcidisse: quod tributum sibi pendendo su.. seruus esset effectus.

Gregor. Thol. de republ. L. XI. c. 11. §. 10. p. 409.

t) Hist. L. V. c. 35.

suchten der Herabwürdigung dadurch zu begegnen, daß sie diese Abgaben bloß als freywillige Geschenke behandelten.

Allein die Könige waren manchmal so stolz auf diese Einnahme, daß sie die Summen, die ihnen unter der Gestalt eines Geschenks überreicht wurden, wieder zurückschickten, und sie schlechterdings nicht anders als unter dem Namen eines Tributs annahmen. So eifersüchtig auf seine Vorrechte war nicht allein der Norwegische König Harald u), sondern auch der König Cosroes von Persien gegen den Kaiser Justinian v). Durch dergleichen Erpressungen, als ihre vorzüglichsten Kameraleinkünfte w), häuften oft die germanischen Könige ungeheure Schäze zusammen, und die Schriftsteller beklagen sich während diesem Zeitalter überall über den unersättlichen Gelddurst der Barbaren x). Der ungenannte Mönch sagt von der Prinzeßin Hildgund:

38. Debuit haec heres aula residere paterna
Atque diu congesta frui, si forte liceret.

Aus

u) *Thorm. Torfaeus* in Hist. Norwäg. P. II. pag. 140.

v) *Procop.* Hist. Goth. L. IV.

w) *Wippo* in vita Conr. Sal. Imp. p. 430. Ann. Hildesheim. ad a. 1039. pag. 729.

x) *Constantin. Porphyrog.* de administr. Imper. p. 63. *Gregor. Tur.* L. III. c. 20. L. IV. c. 26. L. VI. c. 34. *Fredegar.* c. 30. 42.
Ann. Francor. Pithoe. ad a. 718.

Aus dem, was ich seither ausgeführt habe, wird nun folgende Stelle aus Ossians Schlacht von Lora ihre Erklärung finden.

Komm, rief Fingal, o komm von deinem Gemache du Tochter
Meiner Liebe! Bosmina! du Fräulein des wäßrichten Morven
Marthmor, du rüste die Rosse der Fremden und leite die Tochter
Fingals hinan. Sie soll den Beherrscher von Sora zu Selmas
Schattigten Vesten, zu meinem Gebothe einladen! — Entbeut ihm
Frieden der Helden, Bosmina! die Schäze des tapferen Aldo
Unsere Jugend ist fern. Uns zittert das Alter in Händen.
Fergthons Geschwader erreichte das Fräulein. Ein Lichtstral erreichet
Also die Wolken. Ein goldener Pfeil beglänzte die Rechte,
Eine der hellesten Muscheln, zum Zeichen des Friedens von Morven
Zierte die Linke Bosminens. Vor ihr ward Fergthon erheitert
So wie vor plözlichen Stralen der Sonne der Felsen. Sie brachen
Durch ein getheilet Gewölk, das brüllende Winde zerrissen.
Sohn des entlegenen Sora! nahm züchtig erröthend das Fräulein
Izo das Wort: dich lad' ich zum Feste des Herrschers von Morven

Zu den umschattenden Vesten von Selma? Der Frieden der Helden
Sey dir geboten, o Krieger! und deinem finsteren Eisen
Rast am Gehänge! — Soll königlich Gut dir besser behagen,
Höre, was Aldo der Edle dir anträgt! Er sendet dir hundert
Rosse des Zaumes gewohnt, und hundert Mädchen aus fernen
Landen, und hundert die Luft durchkreuzende Falken mit reger
Schwinge. Sie sollen dir auch noch hundert Gürtel für Mütter,
Freunde der Heldengeburten, der Söhne der Wehen Genesung.
Zehen mit Gesteine besezete Muscheln, die sollen in Soras
Thürmen erglänzen. Ihr Schmuck bezittert das blaulichte Wasser
Macht es dem blinkenden Weine nicht ungleich. Einst tranken aus ihnen
Herrscher der Erde sich Lust in ihren ertönenden Hallen.
Reizt dich der Antrag? Wo nicht, so nimm die weißbusigte Gattinn.
Fingal liebt zwar den tapferen Aldo; doch Lorma soll wieder
Deine Gewölke mit heiterem Blicke beseelen. Kein Held ward
Jemal von meinem Erzeuger gekränket, so stark auch sein Arm ist.
Liebliche Stimme von Conna! versezte der König: o sag' ihm,

Daß

Daß er vergebens sein Gastmal ergeußt. Er muß mich mit allen
Seinen Schäzen umringen, und meinem Vermögen sich krümmen
Seiner Erzeuger Gewehr, die Schilde vergangener Zeiten
Tret' er mir ab! Die Kinder von Fergthon, die sollen in meinen
Hallen sie sehen und sagen: diß waren die Waffen von Fingal.

Der freygebohrne Teutsche bezahlte an seinen Oberherrn keine Steuer oder Tribut, denn diß war ein Beweis der Sklavischen Unterwürfigkeit, sondern er gab bey den jährlichen großen Volksversammlungen nur gewisse seinen Vermögensumständen angemessene Geschenke. Vorzüglich war dieser Gebrauch in dem fränkischen Reiche, und Karl Dû Fresne *y*) hat darüber viele Beweisstellen gesammelt, die sich aus unserm Autor mit folgenden vermehren lassen.

580. Inclita Metensi quem Francia miserat vrbi
Praefectum, qui dona ferens donauerat illo
Anteriore die, quam princeps nouerat ista.

Man ehrte damit die königliche Würde, und bezeugte ihnen seine Ehrerbietung.

609. Attamen ausculta: si me certamine laxat, —
Armillas centum, de rubro quippe metallo
Factas transmittam, quo nomen regis honorem.

y) Diss. IV. ad Ioinvill. nach der Pistor. Uebersez. S. 78. ff.

Alle diese Geschenke waren in der Folge nur noch der Quantität nach willkührlich. Denn bey feyerlichen Hoftägen mußten sie gegeben werden, und waren eine Art von Steuer. Daher, als unter Kaiser Philipp eine allgemeine Reichssteuer; nemlich von jedem Pfluge 6 Pfennige, und von jedem Hause eines Kaufmanns oder Handwerkers in Städten und auf Dörfern 2 Pfennige, angelegt wurde, so überließ man es den Geistlichen und weltlichen Fürsten, Grafen, Freyherren und Edelleuten, ihren Beytrag selbst nach Belieben zu bestimmen z), welches uns deutlich die wahre Beschaffenheit jener Geschenke zeigt, und belehrt, daß sie zum Besteurungsrecht den Ursprung gegeben haben.

Ein Volk, das sich zu dergleichen Kriegsschazungen nicht verstehen wolte, sondern es auf den Ausschlag der Waffen ankommen ließ, und überwunden wurde, mußte dem Feinde alle seine Weiber und Kinder zur Beute überlassen, die in die Knechtschaft geriethen, und wovon die jungen Frauenzimmer zu aller Wollust misbraucht wurden. Die Großen des Fränkischen Reichs riethen deswegen dem Könige Güntyer, lieber auf einen gewissen Tri-

z) *Dipl. ap Mart. et Durand. in Thesauro Anecdot p.* 805 -- Principibus vero, siue sint clerici siue laici, comitibus quoque et liberis, siue quibuscunque nobilibus nulla eleemosynae summa est constituta, nisi quantum vnicuique juxta arbitrium suum diuina gratia voluerit inspirare.

Tribut mit Attila zu schließen, als sich in die Gefahr zu stürzen, Leben und Vaterland, Weiber und Kinder zu verlieren.

25. Hoc melius fore, quam vitam simul ac regionem
Perdiderint, natosque suos pariterque maritas.

Diese Sitte trift man schon bey den ältesten Griechen an, so lange sie noch in der Heldenzeit, das ist, in ihrem ersten barbarischen Urstande lebten, wie ich darüber eine Menge Zeugnisse aus dem Homer a) und Euripides b) gesammelt habe c). Alboin, König der Longobarden, schleppte nach der Ueberwindung des Kunemunds, Königs der Gepiden, dessen Tochter Rosemund als Sklavin mit sich, und gebrauchte sie als Beyschläferin, und da er endlich sie auch zur Gemahlin erklärte, so ward dieses von seinen Zeitgenossen sehr misbilligt d), weil dergleichen Frauenzimmer Sklavinnen blieben, und ihre Kinder nicht ehlich werden konnten e). Kaum

a) Iliad. I. v. 587. 128. 135. 354. Δ. v. 238. etc.

b) In Troad. passim.

c) in Comment. ad Carm. de pr. Exped. Att. in Gall. pag. 3.

d) *Paul. Diacon.* L. I. c. 27.

e) *Thorm. Torf. Hist. Norveg. P. II. pag. 26.* Captiuae tamen seruorum jure censitae sunt, nec liberi ex iis suscepti legitimi; causae autem captiuitatis ratio nulla habita est, vi et injuria qualecunque jus praescribente.

wußte König Chilberich einen gewissen Franken Widomad, den die Hunnen noch als Kind mit seiner Mutter bey einem Einfalle ins fränkische Reich zum Sklaven gemacht hatten, noch aus der Gefangenschaft zu retten f).

Bey der Eroberung eines Orts bemühten sich die jungen Frauenzimmer von dem Sieger die Verschonung ihrer weiblichen Ehre zu erbitten g), und die Prinzeßin Hildgund, da sie befürchtet, ihr Begleiter Prinz Walthar möchte in den Gefechte unterliegen, bittet ihn, sie zu tödten, damit sie nicht von den Feinden misbraucht würde.

543. Obsecro mi senior, gladio mea colla secede
Vt quae non merui pacto thalamo sociari,
Nullius vlterius patiar consortia carnis.

Wir wissen aus einer Menge Zeugnissen der Alten, daß sowol nach dem Verluste der Kimbrischen Schlacht gegen den Marius als bey ähnlichen Gelegenheiten sich das teutsche Frauenzimmer häufig selbst getödtet hat, um nicht ein Raub der feindlichen

f) Excerpta Fredeg. c. 10.

g) *Torfae. Hist. Norwag. L. VI. C. 3. §. 1. p. 298.* Illa, ne victoriam ad suam suarumque injuriam verteret, supplex orauit clemenciam quam seueritatem erga sexum imbeciliorem praesertim virgines -- exercere malit.

lichen Wollust zu werden h). Diese Sitte findet man auch beym Zweykampf. Wer im Duelle überwunden war, dessen Frau, Braut, oder Tochter gehörte dem Sieger i). Daher auch König Gunthars Kampfsforderung an Waltharn so anfängt:

599. — — Tibi iam dictus per me jubet heros,
Vt cum scriniolis equitem des atque puellam.

Man trift in unsrer alten Geschichte über diese Gewohnheit ganz sonderbare Anekdoten an. Wenn der Vater dem Freyer die Tochter verweigerte, so ward er sehr oft von ihm zum Zweykampfe herausgefordert, und beym Verluste zur Abtretung der Tochter gezwungen k).

Eine ähnliche Herausforderung ließ Swaran an Fingal bey Ossian thun: Morla —

— sprach: Ergreif ihn den Frieden von Swaran,
Welchen er Königen giebt, wenn Völker ihm huldigen! Ullins
Liebliche Fläche begehrt er, und deine Gemahlin, und deine

Dogge,

h) *Caesar* de bell. Gall. L. I. c. 51. *Plutarch.* in Mar. p. 411. *Flor.* L. III. c. 3. L. IV. c. 12. §. 5. *Tacit.* de mor. Germ. c. 7. et 8. *Oros.* L. VI. c. 21. *Xiphilin.* in Excerpt. Dion. L. LXXII. p. 803.

i) *Cleffel* Sel. Ant. Septentr. c. 1. §. 8. *Stiernhöök* de iure Sueon. et Goth. vet. L. II. c. 1; *Torfae.* Hist. Norwag. cit. 1.

k) *Cleffel.* cit. l. §. 7.

Dogge, die schöne Gemahlin, die Dogge mit Füßen des Windes.
Gieb ihm diesen Beweis von deinem unmännlichen Arme
Führer! und lebe forthin dem Winke von Swaran gehorsam.

Zu unserm Walther spricht der muthige Hadawarth bey dem vorläufigen Wortwechsel:

815. — — Inuitus agis, si sponte recusas.
Nec solum parmam, sed equum cum virgine et auro
Reddes, tum demum scelerum cruciamina pendes.

Zuweilen pflegten sie einander vor dem Gefechte viele Höflichkeit zu erzeigen:

Nun sendet er Ullin den Sänger, den König
Zu dem Gebothe der Muscheln zu laden, und wecket im Herzen
Wieder das süße Gedächtnis von seiner ersten Geliebten.
Ullin der Alte kam hin zum Sohne von Starno. So sprach er
Der du ferne von Uns, gleich einem Felsen von deinen
Wellen umgeben gebeutst! Erscheine beym Feste von Fingal!
Ruhig verfließ uns der heutige Tag. Am kommenden Morgen
Wollen wir streiten; am Morgen die tönenden Schilder zertrümmern.

Beyspiele, daß Ehemänner ihre geringere Kriegskunst und Leibsstärke mit dem Verluste ihrer Frauen haben

haben büßen müssen, lesen wir in der Norwegischen Geschichte l). Gleichwie in andern Dingen, so hatten auch hierinn die griechischen Stammväter ähnliche Gebräuche m). Walthar, da er seine Feinde in der Reihe durchblickt, ruft freudig aus, daß er hoffen dürfe, seine Braut Hildgund für sich allein zu behalten:

568. Quam si forte volente Deo intercepero solam,
Tunc ait ex pugna tibi, Hildgund, sponsa reseruor.

Sehr oft ließen sich die Liebhaber bloß zur Unterhaltung ihrer Damen, und um ihnen ihre Geschicklichkeit zu zeigen, mit einander in Gefechte ein. Ossian im VI. Buche des Fingals erwehnt derselben:

Nein! Kein freundlicher Kampf, kein leichtes Gewette der Bogen
Fräulein! entsteht vor dir, so wie sich auf Cluba die Jugend
Unter dem Auge von Conmor hervorthat.

Die Teutschen, die unter allen Völkern die größte Hochachtung fürs Frauenzimmer hatten n), pfleg-

l) ap. *Torfaeum* P. I. c. 7. pag. 201. 202. et P. II. pag. 234.

m) *Homer*. Iliad. Γ. v. 69. I. v. 328.

n) *Tacit*. de mor. Germ. c. 3. Histor. I. V. c. 25. *Polyaen*. strategemat. L. VII. *Plutarch*. de virt. mul. c. 6.

pflegten sich vor dem Anfang des Kampfes ihrer Dame zu empfehlen. Graf Rognwald der Orkneyinseln feyerte bey jeder wichtigen Begebenheit das Andenken der Gräfin Irmingard von Narbonne o). In dem französischen Successionskriege Philipp Augusts mit König Johann von England ruften die Befehlshaber oft ihrem kriegerischen Adel zu, sich ihrer Damen zu erinnern p), um sie desto mehr zur Tapferkeit anzufeuren.

Die Teutschen fürchteten sehr bey dem unglücklichen Ausgange ihrer Kämpfe den Spott und die Verachtung des Frauenzimmers, welches bey allen ihren Kriegsübungen die Zuschauerin war, und ihre Verdienste schäzte und belohnte q). Daher Walther während dem er Randolfen den Kopf abschlägt,

6. *Xiphilin.* in vit. Nerón. L. VI. *Flor.* l. I. c. 10. Vita et passio S. Antidii AEp. Vesont. c. 6. 7.

o) *Torfaeus* in Orcad. hist. pag. 123. 124. 125.

p) *Guil. Brito Philippid. L. XI. v. 142.*
Cum quo etiam capitur Buridanus, qui quasi ludens
Clamabat, nunc quisque suae memor esto puellae.
Mag. Rigordi gesta Phil. Aug. Francor. R. ap. Pithoeum script. rer. Franc. p. 218. Galterus autem de Guistella et Buridanus, qui cum esset admirandae virtutis et quasi imperterritus, reducebat militibus memoriam suarum Amasiarum, non aliter quam si tirocinio luderet.

q) *Car. du Fresne.* Diss. VII. ad Ioinvill. Edit. Par. p. 1334. 1335.

schlägt, der ihm ein paar Haarlocken abgehauen hatte, ausruft:

975. En pro caluitio capitis te vertice fraudo,
Ne fiat ista tuae de me iactantia sponsae.

Nach dem Zeugnisse Saxos des Grammatikers r) schätzten die Damen an ihren Liebhabern nicht sowol die Schönheit der Gestalt, als vielmehr die Anzahl ihrer großen Heldenthaten; und der Mangel an Heldenmuth und die Unthätigkeit machte jede Mannsperson in ihren Augen verächtlich. Dahingegen der Ruf einer vorzüglichen Tapferkeit, der Leibesstärke und persönlicher Geschicklichkeiten ihm bey jeder Dame eine günstige Aufnahme versicherte, und außerordentliche Helden erhielten oft eine ganze Anzahl der edelsten und schönsten Frauenzimmer zu Frauen und Kebsweibern. König Harald Hardraade schließt in einem Gedichte, worinn er seine Heldenthaten und Begebenheiten beschreibt und aufzehlt, jede Strophe mit den Versen: „und dennoch verachtet mich die rußische Dame!„ Denn er hatte vergeblich um Elisabeth des Tscharen Jaroslaus Tochter angehalten s).

Bey unsern barbarischen Voreltern war ein solches genaues Familienbündnis, daß in jedem Geschlech-

r) Hist. Dan. L. VII. p. 123. et L. V. pag. 69.

s) Siehe die Ode bey *Bartholin.* in Antiqu. Dan. pag. 154. sqq.

schlechte alle für Einen und Einer für alle zu stehen hatte. Wenn jemand unter ihnen beleidigt war, so hielt sich das ganze Geschlecht für beleidigt, und jeder nahm Antheil an der Rache. Doch geschah die Verfolgung des Feindes nicht von allen zugleich, sondern nur reihenweise von dem nächsten Anverwandten auf den Andern, so lange bis die Kränkung entweder gerächt, oder ausgesöhnt war. Eben daher sagt Skaramund, da er seinen Oheim Kamelo, einen fränkischen Burggrafen zu Mez

V. 642. Metensis Metropolitanus und
V. 580. Metensi Vrbi praefectus

im Zweikampfe getödtet sieht:

684. Hic me prae cunctis heu respicit actio rerum
Nunc aut commoriar vel carum vlciscar amicum.

Unter dem Könige Dagobert ward den Söhnen des Herzogs Sadregisils von Aquitanien durch einen Ausspruch der fränkischen Großen die väterliche Erbschaft eingezogen, weil sie unterlassen hatten, den Mord ihres Vaters zu rächen t). Obschon in der ältesten Zeit alle Vergehungen und die meisten Verbrechen mit Gelde abgebüßt wurden, so fand doch beym Todtschlage keine Versöhnung und Vergütung statt, sondern die Blutrache war nothwendig u). Der Professor Majer zu Tübingen

t) *Aimoin.* L. IV. c. 28.

u) *Aimoin.* L. IV. c. 28. --- cuius filii cum vltores potuissent fieri effusi sanguinis paterni, maluerunt viuere desides

gen v) hat diese Sitte unsrer barbarischen Vorwelt sehr gründlich untersucht, und seine Folgerungssäze werden durch unsern Dichter häufig bewährt. Jener Skaramund sagt in seiner Kampfsforderung zum Walther:

696. Non ego jam gazam vel rerum quidque tuarum
Appeto, sed vitam cognati quaero peremti.

Denn Günther hatte anfangs den Prinzen Walther bloß deswegen feindlich verfolgt, weil er ihm die Hunnischen Schäze, die er von seinem Vater Gibicho herzurühren behauptete, mit der Prinzeßin Hildegund von Burgundien rauben wolte. Da er nun in dem Gefechte schon vier von seinen Leuten verlohren hatte, so ermahnt er die übrigen das Treffen fortzusezen, weil Walther nun auch für das vergossene Blut Strafe leiden müßte.

720. Donec deficiens labescat, et inde reuinctus
Thesauros reddet, luet et pro sanguine poenas.

Allein auch diese hatten kein besser Schicksal. Günther, äusserst aufgebracht, sucht alle Gründe hervor, den kleinen Ueberrest noch ins Treffen zu bringen. Soll Walther, rief er aus, unverlezt und

desides ac otiosi, quam perurgendo armis homicidas cruorem exigere interfecti.

v) in Historia Iur. Germ. antiquiss. circa homicidium, §. 11, pag. 22.

und unblutig sein Vaterland erreichen? Seither habt ihr gestrebt, dem Menschen seine Erze zu rauben; Nun brennt, ihr Männer, das vergoßene Blut zu reinigen, damit der Todte mit dem Todten versöhnt, das Blut mit Blute abgewischt werde, und den Mord der Gefährten die Wunde des Mörders vergüte.

945. — Petat hic patriam sine sanguine victor?
Hactenus arsistis, hominem spoliare metallis;
Nunc ardete viri, fusum mundare cruorem,
Vt mors abstergat mortem, sanguis quoque sanguem,
Soleturque necem sociorum plaga necantis.

Walther sucht auf seiner Seite der unvermeidlichen Blutrache und Todtfehde auszuweichen, und ermahnt den jungen Patavrid von dem Zweikampfe abzustehen, um ihm durch seinen Tod nicht die Anzahl der Feinde zu vermehren.

879. Et te conseruans melioribus vtere fatis.
Desine; nam tua te feruens fiducia fallit.
Heroum tot cerne neces, et cede duello.
Ne suprema videns, hostes facias mihi plures.

Daher sagt auch Hadawarth zu Walthern bey der Aufforderung:

797. — Licet et lucem mihi dempseris almam,
Assunt hic plures socii, carnisque propinqui,

Qui, quamuis volucrem simules, pennasque capessas,
Te tamen immunem nunquam patiantur abire.

Walther behauptet gegen Skaramunden, daß dieselbe gegen ihn nicht statt haben könne, weil er niemals der Angreifer, sondern nur der Vertheidiger seines Lebens gewesen wäre.

699. — Si conuincar, quod proelia primus
Temptarim. —
— Absque mora tua me transuerberet hasta.

Dahingegen macht ihm Hagano den Vorwurf, durch die Ermordung seines Neffen Patavrid hätte er alle Freundschaftsverbindungen zwischen ihnen gebrochen. Hagano will deswegen keine Entschädigung an Gelde für diesen Todtschlag annehmen, sondern ihn schlechterdings mit Blute rächen.

1268. Caetera fors tulerim, si vel dolor vnus abesset,
Vnice enim carum, rutilum, blandum, pretiosum
Carpsisti florem mucronis flore tenellum.
Haec res est, pactum qua irritasti prior almum.
Idcirco gazam capio pro foedere nullam.
Sitne tibi soli virtus, volo discere, in armis.
Deque tuis manibus caedem perquiro nepotis,
En aut oppeto, siue aliquid memorabile faxo.

Die zärtliche Vorliebe für seinen Schwestersohn Patavrid,

843. Sextus erat Patavrid; soror hunc germana Haganonis
Protulit ad lucem.

die Hagano hier blicken läßt, und wovon wir schon verschiedene Beweise gelesen haben, bestärkt wiederum das entfernte Alter unsers Monuments. Denn Tacitus w) sagt: Sororum filiis idem apud auunculum, qui apud patrem honor. Quidam sanctiorem arctioremque hunc nexum sanguinis arbitrantur.

Jeder Kämpfer war sorgfältig bemüht, ohne eigene Vergießung eines Blutstropfen aus dem Kampfe zu kommen. Daher ruft König Günther über die Vortheile Walthers voll Unwillen aus:

947. — Petat hic patriam sine sanguine victor.

und der Dichter bemerkt bey der Gelegenheit, wo Walthern ein paar Haarlocken abgehauen worden sind, sehr genau, daß durch den Hieb die Haut nicht verlezt worden wäre.

967. Et feriens binos Aquitani vertice crines
Abrasit, sed forte cutem praestringere summam
Non licuit.

Denn nach den alten Duellgesezen mußte sich der Verwundete mit einer gewissen Geldsumme, deren Bestimmung vom Sieger abhieng, lösen x), war er aber

w) de mor. Germ. c. 20.

x) *Torfaeus in Hist. Norweg. P. II. pag.* 192. Legibus monomachiae constitutum erat, vt, qui vulnus acciperet,

aber gar getödtet, so erbfolgte dieser in seinem ganzen Vermögen. Außerdem erhielt der Ueberwinder zur Belohnung seiner Tapferkeit eine goldene Kette y), oder legte sich dieselbe zum Beweise seines vollständigen Sieges selbst um. Dieses geschah vom Prinz Walther, nachdem er das ganze Gefolge des Günthers niedergemacht hatte.

1055. His dictis torquem collo circumdedit aureum.

Eine ähnliche Stelle ist beym Silius Italicus B. XV.

Hic torque aurato circumdat bellica colla.

Es führten aber nicht allein die Germanischen Völker z) dergleichen Ehrenzeichen, sondern auch die Hungaren a).

peret, se pretio ad arbitrium victoris redimeret; victor autem in occisi vniuersa bona succederet. *Id. P. I. pag. 219.* Bellum cum confligere aut bonis cedere iubet. *Livius L. V.* Romani a Gallis Senonibus quaerebant, quod ius esset agrum a possessoribus petere, aut minari arma.

y) *Io. Scheffer* Synt. de antiqu. torquibus cum not. *Nicolai.* Hamb. 1707. §. 9. pag. 99. sqq.

z) Id. §. 12. pag. 158.

a) *Chron Ebersberg ad a. 937 ap. Oefel. Script. rer. Boicar. Tom. II. p. 7.* Eberhardus primitias tollens de torquibus aureis, quae sunt ornamenta colli, et tintinnabulis, id est, aureae campanulae in imis vestium pendentibus tres libras auri ad calicem fabricandum ... ... dedit.

Dagegen mußte er am Ende, wo er doch verwundet wurde, doch auch die Hunnische Beute mit seinen Gegnern theilen.

Sic sic armillas partiti sunt Auarenses.

Weil die von dem ganzen Geschlechte übernommene Blutrache nicht bloß gegen den Mörder, sondern gegen seine Anverwandtschaft und seinen ganzen Stamm ausgeübt wurde, mithin durch die Mordthat eines Einigen ganze Geschlechter mit allen Angehörigen mit einander in Krieg verwickelt wurden b), so geschah es oft, daß ein einiger zufälliger Todtschlag eine Reihe von Niederlagen verursachte, wodurch ganze Geschlechter zu Grunde giengen, und nicht nur ganze Gemeinden, sondern oft ganze Völker einander befehdeten, und den Krieg nicht anders als mit dem Untergange eines ganzen Volks endeten, wie wir davon ein merkwürdiges Beyspiel in der Lebensbeschreibung des h. Swiberts haben. Ein mächtiger Sächsischer Graf Bruno reiste mit einem edlen Gefolge in die Provinz der Brucktuarier und übernachtete in dem Dorfe Ratingen. Hier bekam er in der Trunkenheit Streit mit dem Vorsteher des Orts, den er mit zwey Bedienten erschlug. Nachdem dieses im Dorfe bekannt wurde, so griffen alle Verwandten und Bekannten der Erschlagenen zu den Waffen, und tödteten den Grafen mit seinem ganzen

b) Auch bey den Britten war dis ehemals der Gebrauch. Home Versuche über die Geschichte des Menschen, B. III. Vers. II. S. 176.

ganzen Gefolge. Nun brachen aber auch die Sachsen über die bruckterischen Grenzen, hauten eine Menge der Einwohner nieder, verwüsteten das Land, und zerstörten das Dorf Ratingen von Grund aus. Die Verwandten der ermorderten Bruckterer ermangelten ebenfalls nicht, ein starkes Heer zusammenzubringen, womit sie viele Dörfer und Festungen der Sachsen mit Feuer und Schwerdt verheereten. Die Verwüstungen wurden auf beiden Seiten so lange fortgesezt, bis die Bruckterer ganz zu Grunde gerichtet, und genöthigt waren, ihr Vaterland zu verlassen, und in andere Staaten auszuwandern c). So ungeheuer war die Verwirrung, und so unendlich die Menschenschlacht, die aus einem einigen Todtschlage entstehen konnte d). Angesehene und vernünftige Männer schlugen sich endlich ins Mittel, überzeugten durch die Vorstellung, daß der Beleidigte durch die Blutrache, die er an der Person des Beleidigers, oder seiner Angehörigen vornehme, und durch die Verwüstungen, die er in ihren Besizungen anrichte, in der That keine wahre Entschädigung erlange, vielmehr selbst in Lebensgefahr komme, oder seine Anverwandten darein stürze, und zu besorgen habe, daß er bey einem widrigen Erfolge noch mehr von dem Seinigen ver-

 liere;

c) Vita S. Swiberti in *Leibnit.* Script. rer. Brunsw. Tom. II. p. 236.

d) Dieses geschah noch 1468 nach einer Urk. des Kl. Lilienthal bey Vogt Monument. rer. Brem. et Verd. T. II. p. 148.

liere; der Angreifer aber sich auf einmal durch eine gewisse Geldsumme eine Reihe von Widerwärtigkeiten, der ihn seine Unthat blosstellte, loskaufen könnte e). Dis war der Ursprung der Todsöhne, Erbsöhne, Magsöhne, oder des Vergleichs zwischen den beiden Geschlechtern, der Buße, oder der für die Entleibung bezahlten Strafe an den Gegentheil, und des Wehrgelds, oder der Geschlechtsentschädigung für den Verlust eines Mannes aus der Familie f). Die Obrigkeit übernahm die Gewährschaft über die geschehene Abkaufung der Blutrache, und erhielt dafür die Wedde. Gleichwie die ganzen Geschlechter an der Verfolgung und an der Vertheidigung des Mörders Antheil nehmen mußten g), eben so hatten sie auch sämtlich an jenen Summen beyzusteuren h), und vertheilten sie unter sich i). Wer sich von dieser Verbindlichkeit losmachen wolte, der mußte nach Salischem Rechte die Chrenekruda beobachten, das ist, er mußte aus den vier Winkeln seines Hauses eine Handvoll Staub nehmen, und sie

e) Meine Abhandlung über die Geschichte des Despotismus in Teutschland. Halle beym Waisenhaus 1783. S. 14. ff.

f) *Westphalen* Tom. I. p. 2009. 2010.

g) *Westphalen* T. III. p. 111.

h) *Wotton* in Gloss. Leg. Wallicar. p. 560. *Dreyer* de contribut. Consanguin. Occisoris ad soluend. Werigeld. vulgo stud. Kilon. 1753.

i) Dreyers Nebenstunden S. 253. not. *k*).

sie über die Schultern seinem nächsten Anverwandten zuwerfen k). Dadurch hatte er sich aus dem Besize des Familiensamteigenthums der Güter gesezt, und folglich sich von jener Geschlechtsobliegenheit befreyt. Aber die neue Art den Todschlag durch Geld zu versöhnen l), machte das Uebel nur häufiger. Beym Gregor von Tours sagt ein gewisser Richard zu Chramisind, einem Großen des Fränkischen Reichs: du bist mir viel Dank schuldig, daß ich deine Anverwandten getödtet habe, denn seit der Zeit ist ein großer Ueberfluß von Gold und Silber in deinem Hause, da du sonst sehr arm und dürftig warst. König Childebert von Austrasien m) fand daher nöthig, beym vorsezlichen Todtschlage und beym Meuchelmorde die alte Blutrache wieder einzuführen, und zu befehlen, daß ein solcher Missethäter seine Schuld mit dem leben bezahlen, und sich mit keinerlei Preis loskaufen, wie auch, daß keiner seiner Anverwandten und Freunde hiezu etwas beytragen solte. Im Burgundischen Geseze n) heißt

k) *Io. Wilb. Hoffmann* in observat. Iur. Germ. L. I. c. 13.

l) *Westphalen* Tom. I. p. 1585. 2008. 2009. T. II. p. 206. 324. 2088. 2091. T. III. p. 64. 637. 1738.

m) Decret. Childeberti R. §. 6.

n) *Tit. II. n. 1.* Si quis hominem ingenuum ex populo nostro cuiuslibet nationis aut seruum regis natione duntaxat barbarum occidere damnabili ausu aut temeritate praesumserit, non aliter admissum crimen, quam sanguinis sui effusione componat.

es: daß dergleichen Leute ihre Verbrechen nicht anders als mit Vergießung ihres Bluts versöhnen konnten. Jedoch ward dabey, so wie es auch in England von König Eduard geschah o), den Verwandten des Entleibten befohlen, ihre Blutrache gegen niemand anders, als bloß gegen die Person des Todschlägers auszuüben p). Diese Geseze waren die Ursache, warum sich gedachter Chramisind, nachdem er jenen Sichar ermordet hatte, in der Kirche dem fränkischen König zu Füßen wirft und ausruft: Ich bitte um mein Leben, glorwürdigster König, weil ich einen Menschen getödtet habe q). In der Folge hieng es, den Meuchelmord allein ausgenommen r), immer von der Familie des Entleibten ab, ob

o) Home Geschichte des Menschen B. III. Vers. II. S. 176.

p) *ibid. n.* 7. hoc specialiter in huiusmodi caussa vniuersitas nouerit obseruandum, vt interfecti parentes nullum, nisi homicidam persequendum esse cognoscant: quia sicut criminosum jubemus extingui, ita nihil molestiae sustinere patimur innocentem. *Lex Saxon. VI. tit. de occision.* Si mordrum totum quis fecerit, --- ille et filii eius soli sint faidosi.

q) *Gregor. Turon.* Hist. L. IX. c. 19.

r) Dreyer von dem Nuzen des Gedichts Reinike de Voß, in den Nebenstunden S. 95. 96. 97 ff. *Haltaus* in Gloss. med. aeui col. 1788 Todtfeindschaft col. 1789. Todtsune. *Matthaei* de crimin. pag. 712. sqq.

ob sie den Tod des Mörders verlangen s), oder sich mit dem Wehrgelde begnügen wolte, als in welchem Falle der Richter für die Wirkung des Friedens binnen Jahr und Tag t) das Weddegeld empfieng. u). Erst in der neuern Zeit machte die Anwendung eines gewissen Ausspruchs der h. Schrift, daß man jede vorsezliche Entleibung mit der Hinrichtung bestrafte. Allein, diese Anwendung geschah bloß von den Protestantischen Theologen, die so weit giengen, daß sie daben der Landesherrschaft alles Dispensationsrecht absprachen v). Die alten Kirchenlehrer wußten so wenig von einer nothwendigen Lebensstrafe beym Todtschlage, daß sie vielmehr den Mörder in ihren Schuz nahmen, und für ihn bey der Obrigkeit Vorbitten einlegten w). Die Kirchen erwarben sich für dergleichen Verbrecher öffentliche Frey-

stätte

s) Nach den Gesezen von Ostfriesland ap. *Westphalen* T. III. p. 78. T. IV. p. 1505. 1507. von Jütland T. IV. p. 864. 1049. 1598. 1923. 1979. Holstein, Hamburg und Lübeck, T. III. p. 1758. 1762. 1805. Tom. IV. p. 3016. Dänemark T. IV. p. 1914. Schonen T. IV. p. 2046. Schwerin T. I. p. 2007. Der Longbarden, Angeln und Ditmarsen T. I. p. 2008. 2009. von Kiel T. III. p. 144. Utrecht und Overyssel *Matthaei* cit. l. p. 712. 714.

t) *Westphalen* T. IV. p. 1737.

u) *Westphalen* Tom. I. pag. 2009.

v) *Boehmer* in not. ad Corvini Ius Canon. *L.* IV. tit. 13. §. 8. p. 544. et Institut. I. Can. cit. lit. §. 4. p. 650.

w) *Iac. Gothofred.* in Comment. ad Cod. Theod. Tom. III. Ed. Marvill. pag. 311. 312.

stätte x), und belegten jene mit mäßigen Kirchenbußen y). Bis sie wieder in den Schooß der Kirche aufgenommen waren, blieb ihnen der Eingang und ein christliches Begräbnis verwehrt z). Allgemach führten die Landesherren wegen Ueberhandnehmung des Uebels die Todesstrafe aus Polizeygründen ein a), und verwegene Theologen wolten am Ende sie selbst an die unverbrüchliche Beobachtung dieser Geseze binden.

Ueberhaupt konnten sich die alten Teutschen von der Todesstrafe gar keinen Begrif machen. Denn nur ein höheres Wesen kann ein ihm untergeordnetes strafen, aber nicht ein Mensch den andern, weil die von Anbeginn alle einander gleich sind. Nur dasjenige Wesen, das dem andern die Existenz gegeben hat, kann es wieder vernichten. Daher bey den Teutschen in den paar Fällen, wo die Lebensstrafe statt fand, diese nur

x) Id. cit. l. p. 372.

y) *Boehmer* ad Corvin. cit. l.

z) *Statut. Synod. Suerin. de 1444. 1451. et 1452. ap. Westphalen T. IV. p. 1068.* De homicidis vero seruetur consuetudo antiqua, videlicet quod ab ingressu Ecclesiæ et sepultura ecclesiastica absoluti sint, maneant suspensi.

a) Dreyer in den Vermischten Abhandl. Th. II. S. 1014. 1015. Vergleiche Westphalen cit. l. T. II. p. 145. 339. Von Friesland T. III. p. 145. 639. Dänemark T. IV. p. 1599. 1787. 1844.

nur von der Priesterschaft im Namen Gottes, und nicht von dem Staate erkannt werden konnte b). Kan aber ein einzeler Mensch den andern nicht strafen, so kan es auch nicht die aus einzelen Menschen zusammengesezte Gesellschaft, deren Gerechtsame nur aus der Summe der Gerechtsame der einzelen bestehet. Weil die Rache des Menschen bloß auf seine Selbsterhaltung abzweckt, so kennt sie im rohen Naturstande keine andere Grenzen als seine Macht. Er wehrt sich wider den, der ihn angreift, und da er nicht wissen kan, wie weit der seinen Angrif treiben wird, so kann er nicht beßer für seine eigene Erhaltung und Sicherheit sorgen, als wenn er ihn todt schlägt, denn eher ist er nicht sicher. Das ist aber keine Strafe, es ist Selbstvertheidigung. Es ist eine Rache, wie man sie beym Naturmenschen findet, aber nicht Rache, wie wir sie nehmen, wenn sie ein Minister wider diejenigen ausübt, die ihn haben stürzen wollen. Weil nun diese Selbstvertheidigung, diese Rache des rohen Naturmenschen grenzenlos und ausschweifend ist, und dennoch, so oft der Angreifende stärker oder verschlagener als der Angegriffene ist, ihres Endzwecks verfehlt, so sind die Menschen in Gesellschaften zusammengetreten. Sie haben auf Privatrache, auf Privatvertheidigungsrecht Verzicht gethan, und beide der Gesellschaft und den Vorstehern über-

b) *Tacit.* de mor. Germ. c. 7. 12. Möser in der Osnabrückischen Geschichte B. I. S. 23. ff. §. 14.

übertragen. Nun fällt aller Grund zur Uebertreibung in der Selbstvertheidigung weg, weil die Ergreifung des Beleidigers der Fortsezung seiner Beleidigungen Ziel sezt; weil Sicherheit vor einem Menschen ohne desselben Zernichtung zu haben ist; weil alle unstreitig stark genug sind, um einen zu bezwingen, ohne ihn zu tödten. Im Stande der Natur und bey solchen völkerschaftlichen Verbindungen, die bloß der äußern Kriegsvertheidigung wegen errichtet sind, war die Ausschweifung in der Rache ein nothwendiges Uebel, das unaufhaltsam aus der Verfassung selbst herfloß. Dieses Uebel zu heben, entstanden bürgerliche Gesellschaften. Wozu würden die dienen, wenn das Uebel mit in dieselben übertragen werden, wenn der Mensch im gesellschaftlichen Zustande eben so sehr in seiner Rache excediren wollte, als es der Naturmensch that? So wie die Selbstvertheidigung überhaupt, so befaßt sie auch in Betracht des gesellschaftlichen Menschen nichts als Schadloshaltung, in so weit sie möglich, für das Vergangene, und Sicherheit fürs Künftige. Der Tod des Schuldigen gewährt ihm jene gewiß nicht, und auch diese nicht zweckmäßig, weil sie mit geringerm Aufwande eben so gut erhalten werden kann, und eben diese Verringerung des Aufwands der Endzweck aller gesellschaftlichen Vereinigungen ist c). Das war die Philosophie unsrer Alten, und wir sehen, daß schon in ihrem veralteten

Kri-

c) Das Peinliche Halsrecht der Teneriffaner. Osnabrück 1783.

Kriminalrechte alle Verbesserungen der heutigen Kriminalgesezgebung enthalten sind. Ich dächte, das solte uns einmal zu einem emsigern Studium der Teutschen Geschichte, Rechts und Alterthümer bewegen, und uns von der ewigen Betrachtung der römischen Gesezgebung abziehen, wovon alles, was nur davon gesagt werden kann, in unzehligen Schriften untersucht und wiederhohlt worden ist. Jedoch nunmehr zeigt sich einige Hofnung, daß man endlich anfangen wird, das peinliche Recht auf diese Art zu bearbeiten, und besonders hieben die sämtlichen teutschen Rechtsquellen, die alten Geseze und Statuten, die Urkunden, Heiligenlegenden und die Zeugnisse der alten Schriftsteller nach meinem Vorschlage cc) zu benüzen. D. Oesterley in Göttingen hatte sich nun dieses ernstlich zum Endzwecke gemacht, und bereits davon in einer kleinen Schrift ccc) eine lesenswürdige Probe geliefert.

Sowol gewisse Nordische Sagen als die Brittischen Monumente zeigen uns, daß die Teutschen seit der ältesten Zeit gewohnt waren, grosse Hunde zu ihrer Sicherheit bey sich zu führen *). Es werden des-

cc) Mein Entwurf einer Geschichte des teutschen Rechts. S. 10. 11.

ccc) Von den Strafen des Diebstahls nach dem Salischen Geseze. Göttingen 1783.

*) welches auch folgende Stellen beweisen. *Mornac. ad L. 1. D. si quadrupes pauper.* Priscos Gallorum reges non aliis corporum custodibus quam ingenti canum globo soli-

deswegen auch von unserm Autor viele Gleichnisse und Beyspiele von Hunden gegeben.

401. — O si quis mihi Waltharium fugientem
Afferat euinctum, ceu nequam forte Liciscam.
1229. — Ecce latebrae
Protenus absistunt, ex queis de more Liciscae
Dentibus infrendens rapidis latrare solebas.

Daß er die Hunde Lyciscae nennt, ist eine Nachahmung Virgils Eclog. III. v. 12.

Non ego te vidi Damonis, pessime, caprum
Excipere insidiis, multum latrante Lycisca.

und Servius erklärt nach dem Plinius dieselbe für eine solche Gattung, die von den Wölfen mit Hündinnen gezeugt wären. Bey Ossian in der Temora B. I. heist es:

Dreyhundert Krieger verfolgten
Längs der Gewäßer Moilenas den Weg. Die graulichten Doggen
Sezten die Flächen hindurch, und füllten mit ihrem Gebelle
Fernhin die Gegend.

welches uns von dem Gebrauche der Hunde bey den Schottländern belehrt. Der Vers ceu nequam Liciscam beweist, daß die Verachtung der Hunde bey den Teutschen sehr alt ist. König Heinrich, der Fink-

solitos fuisse vti. Strabo Geogr. Vtuntur etiam ad bella canibus sui soli et aliis.

Finkler überschickte den Hunnen statt des Tributs einen Hund, durch welche Beschimpfung er sie mit Fleiß zum Krieg aufreizte 1). Es war eine sehr entehrende Strafe für den hohen Adel, die ihm im Mittelalter, wenn er den Landfrieden gebrochen hatte, angethan wurde, daß er auf eine gewisse Strecke weit ohne Wehrgehänge und ganz entwafnet zu Fuße einen Hund auf der Schulter tragen mußte 2). Unter Kaiser Otto dem Großen mußten alle die Fürsten, die Herzog Eberhard von Franken beygestanden hatten, bis Magdeburg zum Schimpfe Hunde tragen. Kaiser Friedrich I. nöthigte den Pfalzgrafen am Rheine mit 10 andern Grafen auf eine teutsche Meile weit Hunde zu schleppen. Eben das mußte ein Italienischer Markgraf Manfred bis an die Kirchthüre der Ambrosienkirche zu Mailand thun. Man hat sich seither nicht erklären können, warum hieben die Teutschen die Hunde für entehrend gehalten

1) *Chron. Mind. ap. Meibom. T. I. p. 558.* Henricus vero Imperator in signum rebellionis, abiectionis et contemtus eorum misit eis catulam abscissis auribus et cauda pro tributo.

Wittichind. L. I. p. 641. Saxonesque ad pugnandum cum eis paratos pinguissimum pro munere eis proiiciunt canem.

2) Sam. Wilh. Oetter Untersuchung der Frage, ob die Personen, welche den Landfrieden gebrochen hatten, die Hunde zur Strafe führen oder tragen müssen Augsburg 1784. gegen *Dreyer* de Lithophoria p. 25.

ten haben, da sie sie doch häufig mit sich führten, und dieses Thier sich seiner Treue wegen, welche man in Teutschland so sehr schäzte, sehr beliebt macht 3). Die Ursache ist die kriechende Schmeichelen, die den Hunden eigen ist, und die die Teutschen äußerst verachteten und verabscheuten. Ebendaher war ihnen der Hund das Sinnbild eines niederträchtigen Schmeichlers, und der verworfensten, niedrigsten Gattung von Geschöpfen. Daher das allgemeine Schimpfwort: du Hund! und das Sprüchwort: der muß gegen den Andern Hunde führen.

Allzusehr würde ich mich verbreiten, wenn ich alle Nachrichten sammeln wolte, die uns die Sitten jener Zeit aufklären. Ich eile vielmehr noch ein Paar Worte von dem historischen und geographischen Nuzen dieses Heldengedichts zu reden, und auch in diesem Betrachte den Leser von seiner Aechtheit und Wichtigkeit zu überführen, wobey ich freylich nicht alle Gelegenheiten zu weitern statistischen Aufklärungen werde vermeiden können.

Als Deguignes d) aus den Chinesischen und Arabischen Handschriften der Königlichen Bibliothek zu Paris das graue Alterthum des Hunnischen Reichs entwickelte, so erstaunte die literarische Welt über die

3) Oetter am a. O. S. 20. ff. §. 8.

d) Geschichte der Hunnen und Türken, Th. I. S. 230. 239.

die Entdeckung, die sie beynahe unglaublich fand, und der sie doch nicht widersprechen konnte. Die Richtigkeit seines Kalkuls bestätigt unser Dichter in diesem Verse:

10. Vltra millenos fertur dominarier annos.

Da nun bey allen Schriftstellern des Mittelalters bis auf die neueste Zeit keine solche Zeitbestimmung angetroffen wird, so dient dieser Umstand zu einem neuen Beweise des ächten Alterthums des Monuments, und zeigt die Unmöglichkeit seiner Zeitgenossenschaft mit Günthers Ligurin dd), wie ein unwissender Rezensent in der Allgemeinen Deutschen Bibliothek vorgegeben hat.

Die Hunnen heissen bey unserm Autor bald Huni und bald Avares. Das sind nun zwar ganz verschiedene Völkerschaften, ob sie schon beide in Pannonien Reiche gestiftet haben e). Denn die Hunnen, die eigentlichen Landsleute des Attila, kamen im V. Jahrhunderte dahin, und erst nach dem Verfalle des Hunnischen Reichs im VI. Jahrhunderte die Avaren, auf welche zulezt im IX. Jahrhunderte die heutige Hungaren, Madschyares, folgten

dd) Dessen gleichzeitiges Alterthum in Ansehung der Stelle L. I. v. 83 Oetter am a. O. S. 7. ff. gegen *Senckenberg* Parerg. Goett. L. III. p. 150. gerettet hat.

e) *Lud. Ant. Muratori* Diss. I. de exter. gent. quae post declinat. Rom. Imp. Italiam afflixerunt, aut sibi subiecerunt. Tom. I. Ant. Ital. col. 21. 22.

ten f). Allein weil sich bey der Einwanderung die Avaren mit den alten Hunnen vermischt hatten, so werden von den Schriftstellern des 6. und 7. und etlicher folgenden Jahrhunderte, als vom Guido von Ravenna g), vom Juvencius Cälius Calanus h), vom Paul dem Sohne Warnefrieds i), von Aimoin k), Eginhard l), Meginfred m) und andern, beide Völkerschaften mit diesen Namen wechselseitig benennt. Man kann aus dieser Beobachtung einen weitern Grund zur Bestärkung des von mir angegebenen Zeitalters des Dichters hernehmen. Das Beywort

Gens maxima Pannoniarum

wel-

f) Zur Bestärkung der Meinung, daß die Finnen die Anverwandten der Hungaren gewesen, und diese ihre ersten Wohnsize in Sibirien gehabt haben, dient folgende Stelle, die vor mir noch Niemand benuzt hat. *Iul. Pompon. Sabin. in Schol. ad Virgil. Georg. L. I. col.* 128. Prope glacialis Oceani oras habitant siluestres homines, Vgari siue Vgri. Scythæ quidem sunt et a cæteris mortalibus semoti, apud eos neque aurum, neque argentum cognoscitur, neque aes: cum proxima gente mercimonia permutant, aut cum Zavoloscensibus. Sic narravere mihi, qui ad origines Tanais habitant.

g) Geograph. L. IV. §. 14.

h) ap. *Barth.* in Aduers. col. 807.

i) de gest. Langob. L. II.

k) L. II. c. 11.

l) in vita Car. M. c. 24.

m) in vita S. Emmer. c. 4.

welches er den Hunnen gibt, entspricht vollkommen den Beschreibungen, die uns Claudian n), Sidonius o), Marcellin p), Jornandes q) und Pomponius Mela r) von ihnen gemacht haben. Im Anfange des Gedichts beschreibt er sie also:

Hic populus fortis vigebat et armis;
Non circumpositas solum domitans regiones
Litoris Oceani, sed pertransiuerat oras
Fœdera supplicibus donans sternensque rebelles.

Jedes Wort dieser vier Verse kann man aus den gleichzeitigen Schriftstellern beleuchten. Die Hunnen hatten sich vom Don und der Mäotischen See aus zuerst der Staaten und Völker an den Küsten des schwarzen Meeres bemächtiget, die Gothen, Gepiden, Alanen, Herulen, Sarmaten, Semandrer, Skwirren, Sattagoren ꝛc. überwunden, ganz Szythien erobert, in Illyrien, Dazien, Mösien und Thrazien Einfälle gethan, sich die Quaden, Markomannen, Schwaben, Heruler, Thüringer unterworfen, überhaupt alle Scythischen und Germanischen Reiche von sich abhängig gemacht, und die Römische Monarchien in ihren Grundlagen er-

n) L. I. in Rufin. Ed. Hartn. p. 38.

o) in panegyr. Anth. dicto.

p) Hist. L. XXXI.

q) de reb. Get. p. 466.

r) de situ Orb. L. II. n. 104.

erschüttert. Attila wählte sich Dazien und Pannonien zum Hauptsize seines Volks, und beherrschte von da aus die ganze Barbarey. Man lese die Beweisstellen, die ich hier wörtlich übersezt habe, beym Jornandes s) und Paul dem Diakon t). Sie werden vom Apollinaris wild, grausam, blutdürstig, räuberisch, ungestüm, und barbarischer als alle Barbaren genennt. Ueber den Schmerz empfangener Wunden zu weinen, sagt er, wär bey ihnen mit dem Tode bestraft worden, und sie hätten sich zur Lust mit dem Messer die Wangen durchstochen, und blutige Narben gemacht. Claudian heist sie die häßlichste Nazion, grimmig und ekelhaft anzublicken, in Arbeiten unermüdet, deren Vergnügen es gewesen, ihre Brüder zu zerhauen, und angenehm, die Ermordung ihrer Väter zu geloben.

Deguignes u) macht von dem Charakter Attilas dieses Gemählde. „Attila wußte die Tugend zu schäzen, und war nur gegen seine Feinde Barbar. Stolz und hochmüthig war er, so bald er mit diesen zu thun hatte, unter seinen Unterthanen aber sanftmüthig und liebreich. Von Pracht und Kostbarkeit war er ein Feind, und überließ sie seinen Gemahlinnen und Ministern. Er liebte seine Unterthanen, hörte ihre Klagen an, ließ ihnen Gerechtigkeit wiederfahren,

s) de reb. Get. pag. 471. 472. de regn. success. p. 475. 476. 478. 479. Apollin. in panegyr. Anthem. dict.

t) de reb. Rom. L. XV. in pr.

u) Geschichte der Hunnen und Türken, Th. I. S. 430.

ren, und duldete nicht, daß jemand in seinen Besitzungen beunruhiget wurde; noch daß man die Armuth unterdrückte. Verzeihung war bey ihm leicht zu erhalten. Seine Völker wurden mit Tribute nicht zu sehr belästigt. Fremden aber Furcht und Schrecken einzujagen, war seine Lust, und es glückte ihm. Im Kriege, den er bis zur Ausschweifung liebte, war er tapfer ohne Verwegenheit. Er machte große Anlagen, und wußte sie auch auszuführen. Seine Feinde machten ein Ungeheuer aus ihm; aber sie fürchteten sich zu sehr vor ihm, als daß sie ihm hätten Gerechtigkeit wiederfahren lassen. In Rom und Konstantinopel war er als ein Held verehrt; aber unter seinen Gelehrten haben ihn die Feinde nicht anders als einen Barbaren geschildert." Mit dieser Schilderung stimmen Priskus und Jornandes überein, und die Reden und Handlungen, die ihm unser Dichter beylegt, sagen eben so viel. Er antwortet zum Beyspiele den Burgundischen Gesandten, die ihn um Frieden baten.

68. Foedera plus cupio, quam proelia mittere vulgo.
Pace quidem Hunni malunt regnare, sed armis
Inuiti feriunt, quos cernunt esse rebelles.
Rex ad nos veniens, pacem det, atque resumat.

Dergleichen Handlungen preist auch Ossian, wenn er sagt:

Zeigen Gebieter in Schlachten den Muth, dann steiget Gesang auf.
Aber versucht es ihr Schwerdt sich über die Schwachen zu strecken,
Ist der Unmächtigen Blut auf ihrem Gewehre, dann schweigen
Barden im Liede von ihnen, ihr Grab bleibt ewig vergessen.
Fremdlinge kommen dann hin, und bauen, und räumen den alten
Hügel hinweg, und finden ein Eisen zur Helfte verzehret,
Neigen sich nieder zum Eisen, und sprechen: Von Kriegern. der Vorzeit
Finden wir Waffen; doch tönet ihr Name in keinem Gesange.

Attila erwieß den jungen Geißeln viele Gnade, welches ein neuer Beweis seines guten Herzens ist.

97. Exulibus pueris magnam exhibuit pietatem,
Ac veluti proprios nutrire jubebat heredes.

Sonst schildert die wahre Heldentugend dieses Zeitalters Ossians Fingal also: Mein Oscar, beuge den Starken, aber schone der schwachen Hand. Sey du ein reißender Strom gegen die Feinde deines Volks; aber sey gleich dem Lüftchen, das den Rasen bewegt, gegen diejenigen, die dich um Hülfe bitten. — So lebte Trenmor, so war Trathal, so ist Fingal gewesen. Mein Arm war die Stüze der Beleidigten, und die Schwachen ruhten hinter dem Blize meines Stahles.

In-

Indeß glaubte doch ein gewisser Ungenannter, v) daß Attila von meinem Dichter nicht seinem Charakter gemäß geschildert worden wäre, weil er sich Walthern zu Gefallen bis in die tiefe Nacht bezecht, und den andern Morgen den von der gestrigen Völlerey umnebelten Kopf mit beiden Händen gehalten hätte. Allein diesen Nazionalfehler hatten damals die Hunnen mit allen übrigen Europäern, nur Griechen und Lateiner ausgenommen, gemein w). Eben der Priskus x), der nach dem Urtheile jenes Ungenannten, Attila als einen mäßigen, ernsthaften und enthaltsamen Sieger beschreibt, sagt von einem seiner Gastmale, daß die Römischen Gesandten, da sie wahrgenommen, daß der Schmauß bis in die späte Nacht fortdauerte, nicht länger dem Trinkgelage hätten beywohnen wollen, sondern nach einander davon gegangen wären. Die Todesart Attilas wird uns am beßten überzeugen, daß er sich

L 5 eben

v) Breslauische Nachrichten von Schriften und Schriftstellern, St. XLI. 1780. S. 326. 327.

w) *Tacit.* de mor. German. c. 22. *Alex. ab Alexandro* Gen. dier. L. V. c. 21. *Matth. a Michou* in Sarmat. Europ. L. II. c. 3. Corn. Graphe. ex *Ol. Magno* L. XIII. c. 4.

x) *in Excerpt. legat. p. 68.* Vt vero conuiuium ad multam noctem ferunt, minime diutius nobis compotationi indulgendum esse duximus, sed frequentes exivimus. et p. 66. Attilas nos ex Thracum instituto ad parium poculorum certamen prouocauit.

eben nicht immer der Enthaltsamkeit beflissen hat. Nach der Erzehlung des Jornandes y) betrank er sich bey seiner Hochzeit mit einer gewißen Ildicco so stark, daß er in der Nacht einen Blutsturz bekam, der ihn erstickte. Er war mäßig und enthaltsam, wenn er in Gegenwart fremder Gesandten öffentlich Tafel hielt; wenn er sich aber unter den Seinigen allein vergnügte, so schwelgte er gleich allen Helden der Vorzeit, die seine Zeitgenoßen waren.

Nach meinem Autor besaß Attila eine Residenzstadt,

96. Attila Pannonias ingressus et vrbe receptus.

welches den Nachrichten des Priscus entgegen zu seyn scheint, indem er den Wohnort Attila's nur einen Vicum nennt z). Allein da er gleich hinzusezt, Vicum, inquam, ad instar ciuitatis amplissimae, in quo lignea moenia ex tabulis ingentibus fabrefacta reperimus, quarum compago ita solidum mentiebatur, vt vix ab intento posset junctura tabularum compre-

y) *de reb. Get. p. 478.* -- Eiusque in nuptiis nimia hilaritate resolutus, vino somnoque grauatus resupinus jacebat, redundansque sanguis, qui ei solite de naribus effluebat, dum consuetis meatibus impetitur, itinere ferali faucibus illapsus eum extinxit. *Ita* glorioso per bella regi temulentia pudendum exitum dedit.

z) *Iornand. de reb. Get. ex Edit. Fornerii Paris. p. 471.* Indeque non longe ad vicum, in quo Rex Attila morabatur, accessimus.

prehendi. Videres triclinia ambitu prolixiore distenta, porticusque in omni decore dispositas, so ist die Aechtheit jenes Verses hinreichend gerettet. Gleich bey den Teutschen war auch bey den Hunnen der innere Hofplaz mit Tapeten behängt,

288. Ingrediturque aulam velis rex vndique septam.

welches Jornandes a. a. O. bestätigt. Area vero, sagt er, cortinis ingenti ambitu cingebatur, vt amplitudo ipsa regiam aulam ostenderet. a) Dieser Schriftsteller nennt zwar nur eine gewisse Recca, Cerca und Ildicco, als Gemahlinnen des Attila b); sagt aber zugleich, er hätte deren unzählige gehabt; folglich widerspricht es nicht der Geschichte, wenn mein Poet eine andere Namens Ospiru v. 122. aufführt. Das Cubile Regis Attilae v. 218. c) wird vom Priskus beschrieben, daß es die Gestalt des Brautbettes der alten Griechen und Römer gehabt hätte.

a) *Priscus in Excerpt. legat. p. 63.* beschreibt so die innern Gebäude von Attilas Residenz: Intra illa septa erant multa aedificia partim ex tabulis sculptis et eleganter compactis, partim ex trabibus opere puro et in rectitudinem affabre dolatis et politis, quae erant interiecta, lignis ad tornum elaboratis exstructa et composita. Circuli autem a solo incipientes in altum assurgebant, certa proportione et mensura.

b) *Iornand.* cit. l. p. 478.

c) Vergl. *Du Cange* in Glossar. latinit. med. aeui, Tom. II. col. 1203. v. Cubile.

hätte d). Man wäre auf verschiedenen Stufen hinaufgestiegen, rund um wäre es mit den prächtigsten Tapeten behängt, und mit der feinsten Leinwand bedeckt gewesen. Selbst bey der Tafel saßen die Monarchen auf einem solchen Paradebette, das mit einem Baldachin versehen, und etliche Stufen höher war, als die übrigen Tische. Gleichwie Priskus es bemerkte e), so wird auch bey unserm Autor Attila vom Walther zu der unter einem Thronhimmel erhöhten Tafel geführt:

290. Duxerat ad solium, quem compsit byssus et ostrum
Consedit, lateriqne hinc indeque binos
Assedisse jubet. Reliquos locat ipse minister.

Damals speiste der Monarch unterm Throne mit etlichen der angesehensten Großen des Reichs. Die übrigen Gäste speisten aber an besondern Tischen, je 3. 4. oder sechs zusammen. Dis war der Gebrauch der Teutschen zur Zeit des Tacitus f), und der

d) *cit. l p. 66.* Hic praeparata erant omnia sedilia circa parietes cubiculi ab vtraque parte disposita, in medio sedebat Attilas in lecto, pone quem erant quidam gradus, qui ad eius cubile ferebant, linteis candidis et variis tapetibus venustatis et ornatus gratia contectum, simile cubilibus, quae Romani et Graeci nubentibus adornare pro more habent.

e) in excerpt. de legat. p 63.

f) de mor. Germ. c. 22. Separatae singulis sedes et sua cuique mensa.

und der Hunnen unterm Attila g). Diejenigen Großen, die an des Königs Tafel zu speisen die Ehre hatten, hießen conuiuæ Regis h), und waren keine besondere Hofbediente i), wie der Baron du Cange k) meinte, sondern bloß die Günstlinge und Vertrauten des Königs l), meistentheils die vornehmsten Kron-

g) *Priscus cit. l. p. 67.* Mensae vero juxta Attilae mensam erant erectae, excipiendis tribus aut quatuor aut etiam pluribus conuiuis idoneae, quorum vnusquisque poterat, minime transgressis sedium ordinibus cultello ex ferculis, quod sibi libitum erat, desumere.

h) *Claudian. in Eutrop. L. II.*
--- Claro quod nobilis ortu
Conuiua et Domini.

Ionas Abb. in vita S. Columb. c. 28. Canericus Theodeberti Regis Conuiua. *Lex Sal.* tit. XLIII. §. 6. *Lex Burgund.* tit. XXXVIII.

i) *Auct. de SS. Wallens. c. 16.* Decanus Ecclesiae visitauit curiam conuiuio Regali functus, sicut consuetudo erat tunc temporis per patriam; vltimo autem die conuiuii ante praedictam diem placitandi contra noctem retraxit crastini diei placita.

Nithard. de diss. Lud. Pii fil. Fratres quoque adhuc tenera aetate Drogonem, Hugonem et Theodoricum participes mensae effecit, quos et in palatio secum nutriri praecepit.

k) Diss. II. ad Ioinvill. pag. 53. sqq.

l) *Venant. Fortunat. L. VII. carm. 16.*
Iussit et egregios inter residere potentes
Conuiuam reddens proficiente gradu.

Auct.

Kronvasallen, und in Norden die Hirdsmannen m), die sich am königlichen Hoflager aufhielten. Nur der Stolz der Byzantinischen Kaiser duldete keinen Unterthanen neben sich an der Tafel, sondern sie speisten ganz allein an einem eigenen Tische unterm Baldachin, und Niemand durfte sich neben sie sezen n). Als Kaiser Otto III. diese Gewohnheit, gleich dem übrigen Byzantinischen Hofgepränge, in Teutschland nachahmte, so erregte es viel Aufsehen. Er fing an, an einem erhöhten Plaze und auf einer halbrunden Tafel allein zu speisen, welches man ihm sehr übel auslegte o). Indeß blieb dieser orientalische Gebrauch bis diese Stunde am Kaiserlichen Hofe, und ich sah noch den jezigen Kaiser Joseph II. bey feyerlichen Gelegenheiten allein auf einer

Auct. vitae S. Agilii c. 1. Fuit quidam ex primis Palatii optimatibus --- nobilissimis natalibus oriundus, eiusdemque Regis conuiua Consiliarius nomine Anehaldus.

m) Gebhardi in der Geschichte der erblichen Häuser von Teutschland, Th. I. S. 53.

n) *Anna Commen. Alexiad. L. VIII.* --- Neque enim solemne est, vt Imperatores Romanorum subditos suos consessores habeant.

o) *Ditmar. Merseb. Ann. L. IV. p.* 357. Imperator antiquam Romanorum consuetudinem jam ex parte magna deletam suis cupiens renouare temporibus, multa faciebat, quae diuersi diuersimode accipiebant. Solus ad mensam quasi semicirculum factum loco caeseris eminentiori sedebat.

ner 4 Stufen erhöhten Tafel unterm Baldachin speisen, und die übrigen Tischgenoßen zu seinen Füßen sizen. Ein Ueberbleibsel des alten Gebrauchs, daß die Gäste nicht alle an einer und derselben Tafel, sondern auf verschiedenen Tischen aßen, zeigt sich beym feyerlichen Krönungsmahle zu Frankfurt am Main, wo jeder Kurfürst, einige Stufen tiefer als der Kaiserliche Thron, seinen eigenen Tisch hat.

Dem Ehegerichtsrath Kremer p), der vieles gesammelt hat, was über das alte Rheinische Franzien gesagt werden konnte, würde es sehr angenehm gewesen seyn, wenn er die Nachrichten meines Dichters hätte sehen und benüzen können. Er würde belehrt worden seyn, daß schon im V. Jahrhunderte ein fränkisches Reich am Oberrheinstrohme existirt hat, dessen Grenzen sich auf der einen Seite bis Speyer, Strasburg, das Wasgauische Gebirge und Mez ausgedehnt haben. Seine Hauptstadt war Worms:

— Vormaciam regali sede nitentem, und 1079. heist sie Caput orbis. q)

Das mag die Ursache seyn, daß dieser Ort beständig eine königliche Freystadt geblieben, und niemals der Oberherrschaft weder eines Bischofs noch eines Grafen

p) Geschichte des Rheinischen Franziens. 1778.

q) In Urkunden beym Mabillon de re diplom. L. IV. §. 161. p. 341. heist sie Caput gentis.

Grafen unterworfen worden ist r). Es war zwar schon nach V. 938.

Hic in Wormaciae campis comes extitit ante.

ein Graf von Worms vorhanden, aber sein Gerichtssprengel bezog sich nur auf die umliegende Gegend, welche der Wormser Gau hieß. Ein Theil dieser Gegend hieß im IX. Jahrhundert Ducatus Ripuariorum, dessen Grenzen Wormsfeld (Wormazfelda) der Speyergau (Sperohgouve) und das Elsaß (Ducatus Helisatiae) waren, und später fand man noch einen pagum Ripuariorum an der Ruhr s). Es wird daher nicht unwahrscheinlich, daß unsere Franken die Ripuarier gewesen sind, deren Geseze wir noch besizen t).

Die Franken sind ursprünglich Nachbarn und Verwandte der Kimbern, und wohnen am Ausflusse der Elbe u). Sie werden den Römern in Verbindung mit den Sachsen bekannt v), breiten sich nun am

r) *Io. Fr. Moriz* in Hist. dipl. de origine Ciuitat. speciatim de lib. Ciuit. Wormat. p. 97. 101.

s) Eine Menge Beweisstellen von Ripuaria bey *B. G. Struve* in Corp. Hist Tom. I. Per. III. §. 11. not. 60) 61) 62).

t) *Eccard* in not. ad Inscript. L. Ripuar. pag. 207. Prodr. Chron. Gotwicens. *L.* IV. p. 749. *Du Bos* Tome I. p 473. suiv.

u) An. Ravenat. Geograph. L. I. §. 11.

v) *Amm. Marcellin.* L. XXVII. c. 8. ibique *Vales.* in not.

am Niederrheinstrome aus, der lange ihre Grenze bleibt, und erscheinen auf der Peutingerischen Charte långst dem Rheine zwischen den Alemanniern und Sachsen w). Hieronymus x), der in diesen Gegenden bekannt war, giebt ihnen eben dieselbe Lage, mit welchem auch Agathias übereinstimmt. Die Lage des Rheinischen Franziens war also um diese Zeit am Oberrheine zwischen den Thüringern, Alemannen und Burgundern. Die übrigen Ströhme, die es durchwäßerten, hießen die Lahn, Niede, Dobre, der Main, die Rur, Inde und Orff y). Sie bewohnten also gerade die Gegenden, wo die Römer ihre militarischen Kolonien angelegt hatten, und deren Einwohner schon etwas besser kultivirt waren; daher auch Agathias Scholastikus z) von den Franken erzehlt, sie wären keineswegs, wie die übrigen Barbaren, ein nomadisches Volk gewesen, sondern hätten bey sich die Römische Staatsverfassung und ähnliche Geseze eingeführt gehabt. Den Umstand, daß

w) *Hertius* in Notit. vet. Francor. regni c. 1. §. 5. Vol. II Tom. I. opuscul. p. 142.

x) *in vita Hilar.* Inter Saxones et Alemannos gens eius non tam lata, quam valida, apud historicos et Germania nunc vero Francia vocatur.

y) Anon. Ravennat Geograph. L. IV. §. 24.

z) *de reb. Iustin. Imp.* L. I. Sunt enim Franci non campestres, vti fere plerique Barbarorum, sed et politia plerumque vtuntur Romana et legibus iisdem.

daß sie sich in den Städten besondere Magistratspersonen hielten a), bestärkt unser Dichter, wenn er von einem gewissen Kamelo spricht:

580. Inclita Metensi, quem Francia miserat Vrbi
Praefectum —

und ihn bald darauf Metensem Metropolitanum nennt.

641. Ibat Metensis Kamelo Metropolitanus.

Außer Mez besaßen diese Rheinischen Franken Worms, Speyer, Strasburg, welcher Städte auch in viel andern gleichzeitigen Monumenten Erwehnung geschieht. Sie waren von den Saliern, die sich von dem Niederrheine her zwischen der Maas, Mosel und Schelde in den Niederlanden ausgebreitet, unter Klodewig dem Großen ein neues Reich in Gallien gestiftet, und von den übrigen fränkischen Staaten sich Meister gemacht haben, eine verschiedene Völkerschaft b), und die Worte des Drosius, daß sie die im Lande gebliebenen Römer als ihre Freunde und Bundesgenossen behandelt hätten, zeigen uns ganz deutlich, daß sie die sogenannten Ripuarier gewesen sind.

Unser Dichter giebt diesen Franken das Lob der Tapferkeit. Denn König Herrich von Burgund redet über den Bund der Franken mit den Hunnen die Großen seines Reichs also an:

58.

a) *Agath.* cit. l.

b) *Struve* in Corp. Hist. Tom. I. pag. 90.

58. Si gens tam fortis, cui nos simulare nequimus,
Cessit Pannoniae. — —

Diesen Ruhm einer vorzüglichen Tapferkeit bestättigen die meisten alten Schriftsteller, Gallus c), Sidonius Apollinaris d), Cassiodor e), Agathias f) und Eginhard g). Allein zugleich wird ihnen der Vorwurf gemacht, daß sie sich mit dem Ackerbau beschäftigten; und diese Zeit war noch so kriegerisch, daß man sie deswegen Nichtswürdige schalt:

553. Non assunt Awares hic, sed Franci nebulones
Cultores regionis.

Es hatte diese Revolution bey der fränkischen Nazion Stiliko hervorgebracht. Claudian spricht in dem Lobgedichte h) zu ihm: Du hast den drohenden Rhein, nachdem du ihm seine Hörner zerbrochen, gezwungen, sanftere Sitten anzunehmen, so

 daß

c) *In panegyr. ad Maximin.* — Aut trucem Francum ferina sola carne distentum, qui vitam pro victus sui vtilitate contemnat. —

d) *Carm. V. v. 244.* — — Puerilibus annis
Est belli maturus amor, si forte premantur
Seu numero, seu sorte loci, mors obruit illos.
Non timor, inuicti perstant, animoque supersunt
Iam prope post animam. Tales te teste fugauit
Et laudante viros.

e) Var. L. III. c. 3.

f) Lib. I.

g) in Vita Karoli M. c. 16.

h) Lib. I.

daß der Salier jezo das Feld baut, die Sikambern ihre gebogenen Schwerdter zu Sensen abkrümmen, und der Wanderer die beiderseitigen Ufer betrachtend sich erst nach dem Römischen erkundigen muß. Paul Orosius i) sagt von den Rheinischen Barbaren, sie hätten ihre Schwerdter verwünschend sich wieder zu ihren Pflugschaaren gewendet, und die übergebliebenen Römer als ihre Freunde und Genoßen behandelt. Die leztern Worte zeigen deutlich, daß hier von den Ripuarischen Franken die Rede, die bekanntlich mit den Römern in ein Volk zusammengewachsen sind k). Man kan auch das Schimpfwort Nebulones auf die Meineidigkeit und Treulosigkeit deuten, welche Salvianus l), Flavius Vopiscus m) und Prokopius n) den Franken vorwerfen. Alle germanischen Volksstämme hatten gewisse Geschlechter, die sie als vorzüglich edel verehrten. Unser Autor führt einen gewissen Hagano auf, der wegen seiner Trojanischen Abstammung für vorzüglich edel gehalten worden wäre.

27. Nobilis hoc Hagano fuerat sub tempore tyro
Indolis egregiae, veniens de germine Trojae.

Das Andenken dieses Trojanischen Haganos (Hagano Trojanus) hat sich auch in andern Monumen-

i) L. VII. c. 28.

k) *Struve* cit. l. not. 57. sqq.

l) de Gubernat. Dei L. IV. et L. VII.

m) in Procul. int. Script. Hist. Aug. p. 762.

n) De bello Goth. L. II.

menten erhalten, worinn er als Erbauer der Stadt Xanten angegeben wird o). Es scheint zwar seine Trojanische Abkunft beym ersten Anblicke ein ziemlich fabelhaftes Ansehen zu haben. Wenn man aber auf die allgemeine historische Tradition p) zurückblickt, daß die Stammväter der Franken nach der Zerstörung Trojas aus Kleinasien nach Teutschland gewandert sind, dieses mit den Wanderungen Odins q), ebenfalls eines Phrygiers, vergleicht; dann die Aufklärungen des Freyherrn von Wedel-Jarlsburg über den Ursprung der Franken von den Kimbrischen Kelten, deren Verwandtschaft mit den Galaziern in Kleinasien vor Augen hat r), und endlich meine weitere Ausführung über diese Materie in dem ersten Bande der Geschichte des teutschen Handels rr) nachliest, so hoffe ich, wird das Abenteuerliche an der Sache verschwinden, und sie der Glaubwürdigkeit ziemlich nahe gebracht seyn. Die Lage eines Theils der Fränkischen Staaten am Oberrheinstrohme wird durch verschiedene Stellen der alten

 Schrift-

o) *Henr. Meibom.* in not. ad Tom. I. Script. rer. Germ. p. 690.

p) *Henr. Vales. in not. ad excerpta Peiresc. p. 75.* Francos a Trojanis oriundos longe vetustissimam esse famam et bonis auctoribus innixam, dixit.

q) Abhandl. über die ältere Skandinav. Geschichte S. 282. ff. S. 157. ff.

r) Abhandl. über die ältere Skandinavische Geschichte von den Kimbern und den Skandinavischen Gothen v. F. W. v. W. J. Copenhagen 1781.

Abschn. XVI. S. 123. ff. u Absch. XVII.

Schriftsteller s) bestätiget, worinn sie überall als Nachbarn der Alemannier und Burgunder angegeben sind. Daß sie sowol als die Burgunder zur Zeit des Gothischen Königs Athaulf in Gallien sich ausgebreitet hatten, bezeugt Jornandes t). Es war der zunächst an den Rhein grenzende Theil Galliens, welchen Aetius den Franken wieder abgenommen hat u). Daher wir sie in der Folgezeit bloß in den Niederlanden und an dem Niederrheine wahrneh-

s) *Procop. de bello Goth. L. I. c. 12.* Secundum quos ad Orientem Thoringi -- regionem colebant. Non procul his ad austrum versus agebant Burgundiones. Vltra Thoringos Sueui et Alamanni.

Agathias Schol. de reb. Iust. Imp. L. I. Nam circa Rhenum fluvium habitant et continentem ei adiacentem. Vid. Tab. Peuting.

Greg. Turon. Hist. L. II. c. 9. et cum Burgundionibus, Alemannis, Francis et Alanis -- obsidentibus.

Iornand. de reb. Get. c. 54. Nam regio illa Suevorum ab oriente Baiobaros habet, ab occidente Francos, a meridie Burgundiones a septentrione Thuringos.

t) Ataulphus Gallias tendit, vbi cum aduenisset vicinae gentes perterritae in suis coeperunt finibus se continere, quae dudum crudeliter Gallias infestassent tam Franci quam Burgundiones.

u) *Prosper in fast. ad a. 428.* Felice et Tauro Cons. pars Galliarum propinqua Rheno quam Franci possidendam occupauerant, Aetii armis recepta.

Cas-

nehmen. Eine Stelle des Jornandes zeigt uns, daß Aetius diese Rheinischen Franken bloß dem Römischen Reiche tributbar gemacht hat v). Also können sie um das Jahr 443, wo unsre Begebenheiten eintreten, wol noch Besizungen jenseits des Rheinstrohms gehabt haben. Nach einem Zeugnisse des Sidonius dehnte sich auf der östlichen Seite ihr Gebiet bis an den Neckar aus.

— Vluosa quem vix Nicer abluit vnda
Prorumpit Francus, cecidit cito secta bipenni;
Hercynia in lintres et Rhenum texuit alno.
Panegyr. Auiti v. 319. w)

Ueber diese Franken war anfangs ein gewisser Gybicho und gleich darauf dessen Sohn Gunthar König. Der erstere hat sein Andenken in verschiedenen spätern Volksliedern und in Heinrich Osterdings Heldenbuche erhalten x). Sonst trift man weder von ihm, noch von seinem Sohne in den historischen Monu-

Cassiodor. Chron. ad a. 428. Felice et Tauro Coss. Aetius multis Francis cæsis, quam occupauerant, propinquam Rheno Galliarum partem recepit.

v) qui superbiam Sueuorum Francorumque barbariem immensis caedibus seruire Romano Imperio coegit.

w) Diese Stelle bestätigt dessen *Carm. ad Consent. Narbon. V. Cl.*

Tu Nicrum, et Vacalim, Visurgim, Albim
Francorum et penitissimas paludes
Intrares venerantibus Sicambris.

x) *Freber* in Origin. Palat. P. II. pag. 61. 62.

numenten Nachricht an. Allein man kann eben so wenig bestimmen, über welchen Schwarm Franken ein gewisser Theodemer und ein gewisser Rizimer, die von Gregor von Tours y) als gleichlebende Könige mit Chlodio angeführt werden, geherrscht haben. Wir besizen von diesem Zeitalter zu wenig historische Denkmäler, und ein großer Theil, die noch von Gregorn und von andern genennt werden, sind verloren gegangen. Daher wir, wenn neue Personen erscheinen, ihre historische Existenz nicht geradezu verwerfen können. Der Bischof Gregor von Tours z) sagt deutlich, daß die Franken bald nach ihrer Vorrückung in Teutschland, und nachdem sie über den Rhein gesezt hatten, und in Thoringen, das ist, in dem heutigen Lothringen a) eingewandert gewesen wären, verschiedene Könige nach der Anzahl ihrer Volksstämme über sich gewählt hätten. Also kann zu gleicher Zeit ein anderer Königs-

y) Hist. L. II c. 9.

z) *ibid.* Et primum quidem litora Rheni amnis incoluisse: dehinc transacto Rheno Thoringiam transmeasse, ibique juxta pagos vel ciuitates Reges crinitos super se creauisse.

a) *Casp. Barth* in Comment. ad Guil. Brit. Philipp. p. 34. 35.

Du Bos Hist. Crit. de l'établiss. de la Mon. Françoise. Tome I. page 397. suiv.

Theod. Ruinart. in not. ad Greg. Tur. pag. 61.
Struve in Prolegom. ad Corp. Hist. Germ. Sect. I. §. 14. pag. 6.

nigsstamm über die Salier und ein anderer über die Ripuarier, oder über die eigentlichen Rheinfranken geherrschet haben, und die Schriftsteller sprechen oft schlechtweg von Königen der Franken, wenn sie nur die Beherrscher eines besondern Volksstammes meinen, wie z. B. König Theodorich von Austrasien meist Rex Francorum heist.

In Ansehung der ältesten Geschichte Burgunds herrscht viele Verwirrung und Dunkelheit bey den Geschichtschreibern. Wir haben darüber nur kurze und abgebrochene Fragmente von Nachrichten. Unsere Gelehrten waren aber dessen ohngeachtet so kühn, von denen uns zufälliger Weise genannten Königen uns ganze Geschlechtsreihen zu liefern; welches desto sonderbarer ist, als Burgund in der ersten Zeit nach dem Zeugnisse Ammians keine Erbkönige, sondern nur Wahlkönige besaß, die ihre Würden selten lebenslänglich behaupten konnten; überdem theilten sich damals die teutschen Völkerschaften sehr oft in mehrere Schwärme ab, wovon jeder seine eigenen Könige hatte. Folglich, wenn in der Geschichte ein Burgundischer König vorkömmt, so muß jedesmal erst untersucht werden, über welchen Theil der Burgunder er geherrscht hat. Daher geschieht es, daß wir anfangs Burgunder bald bey Speyer, Worms und in der Gegend des Oberrheinstroms antreffen, die in Belgien Krieg geführt haben, bald im Elsaße, Sundgaue, Schweiz und Franchecomté, bald im innern Gallien in der Provence, Dauphiné und Lionnois x). Das waren lauter einzelne Volksstämme, die sich von der ganzen Nazion abgesondert hatten.

Wenn wir diese Verfassung vor Augen haben, so wird es uns nicht mehr befremden, daß, ob schon uns alle Schriftsteller y) erzehlen, daß um das Jahr 436. der Burgundische König Gundiccar, den schon vorher der römische Feldherr Aetius aufs äußerste gebracht hatte, mit seinem ganzen Geschlechte und mit der ganzen Völkerschaft von den Hunnen vertilgt worden ist z), wir sie doch gleich hernach noch mächtig in Gallien finden, und sehen, wie sie den Aetius in dem Treffen auf den Catalaunischen Gefilden gegen den Attila unterstüzen a). Ich werde um so mehr überzeugt, daß Gundicar nur über einen besondern Schwarm Burgunder, die wahrscheinlich ihre Wohnsize im Brisgaue, Sundgaue, Franchecomté und in einem Theile Helvetiens gehabt haben, geherrscht hat, da der König Gundobald, der ums Jahr 500. lebte, unter seinen Vorfahren, deren Geschlechtsreihe sich weit über die Zeit Gundic-

x) *Koehler* Diss. I. de Carolo Bell. vlt. Burgund. duce. Alt. 1712. pag. 4. 5.

y) *Prosper* in Chron. ad a. 436. *Cassiodor.* ad a. 435. *Herm. Contr.* ad a. 431.

z) *Schoepfflin.* Diss. de Burgundia Cis- et Transjurana, C. I. p. 10.

a) *Iornand.* de reb. Get. c. 36.

diccars erstrecket, nur einen Gibicho, Gondomar, Gislahar, Gundohar neben seinem Vater und seinen Oheimen nennt b), und weder jenes Gundiccars, noch der beiden Könige c) Gundeuch und Hilperich Erwehnung thut, die nach dem Jahre 450 vorkommen. Man würde sehr unbillig seyn, wenn man dem von meinem Autor genannten König Herrich (Herricus) von Burgund deswegen die Existenz absprechen wollte, weil seiner in den historischen Monumenten nicht gedacht wird, indem die Geschichtschreiber eben so wenig eines Gibicho, Gondomars, Gislahars und Gundohars erwehnen, an deren wirklichem Daseyn uns das Zeugnis eines Burgundischen Königs nicht im mindesten zweifeln läßt. Ich glaube nicht zu verwegen zu seyn, wenn ich diesen Herrich mit dem Chilperich, den Jornandes Hilperich nennt, für einerley Person halte, denn jedem Kenner der alten Geschichte ist es bekannt, wie verschieden oft einer und derselbe Name bey unsern Autoren geschrieben wird d). Herrich kann also wol verkürzt Hilperich seyn, und ich würde leicht, wenn ich jezo nicht zu bequem dazu wäre, dieses etymologisch beweisen können. Noch bleibt ein Zweifel übrig wegen des andern Burgundischen Königs Gun-

b) Lex Burgund. tit. III.

c) Man wird bald hören, daß der Eine sein Vater und der andere sein Oheim gewesen. Siehe Schöpflin l. cit. p. 10. 12.

d) *Du Bos* Tome I. p. 400.

Gundeuch, der neben Chilperichen in Burgund geherrscht hat, und dessen der Mönch von Novalesa mit keiner Sylbe gedenkt. Er löst sich aber durch die Beobachtung auf, daß damals Burgund in drey Theile abgetheilt gewesen ist, deren jeder seine eigenen Könige gehabt hat. Daher auch unser Hilperich vom Sidonius Apollinaris Rex Tetrarcha genennt wird e). Als Magister Militum des Römischen Reichs scheint er der vornehmste unter den Burgundischen Königen gewesen zu seyn. Seine Familienumstände paßen ebenfalls auf unsern Herrich. Hilperich hatte keine Söhne, sondern seine Neffen die Söhne Gundeuchs, Gundobald, Godegisil, Chilperich und Gundomar theilten nach seinem Tode das ganze Burgundische Reich unter sich. Eben so hatte Herrich nur eine einige Tochter Hildegund.

36. Filia huic tantum fuit vnica, nomine Hiltgund,
Nobilitate quidem pollens ac stemmate famae.
Debuit haec heres aula residere paterna
Atque diu congesta frui, si forte liceret!

Man mag diese ihre Erbrechte auf das väterliche Mobiliarvermögen, oder auf die väterlichen Staaten deuten, so widerspricht es der gleichzeitigen Sittenverfassung nicht. Denn daß die Töchter neben den Söhnen damals den königlichen Schaz getheilt haben, zeigte ich schon anderswo f), und daß sie nach

e) Epist. L. V. Ep. 6. 7.

f) Versuch über die Geschichte der teutschen Erbfolge, Mannheim 1778. bey Schwan, B. I. S. 108.

nach Abgang der Söhne in den barbarischen Königreichen succedirt haben, beweisen folgende Stellen. Klaudian sagt, der größte Theil der Barbaren (das sind die Teutschen Staaten) werde vom weiblichen Szepter beherrscht. L. I. in Eutrop. v. 322.

Reginarum sub aruis Barbariae pars magna jacet.

Dies bestätigt Justin g), wenn er sagt, die Barbaren seyen nicht minder durch männliche Regierung, als durch weibliche Tapferkeit berühmt worden. Servius h) behauptet, daß bey allen Völkern in ihrem Urstande auch Weiber die Regierung bekommen hätten. Die Schweden ließen sich in der Urzeit beständig durch Prinzeßinnen beherrschen i), und Attila machte wegen eines heimlichen Verlöbnißes mit der Prinzeßin Honoria, der Tochter der Kaiserin Placidia, auf einen Theil des Römischen Reichs Anspruch k). Die ersten Burgundischen Könige kamen auf eben die Art, wie die meisten Germanischen Herrscher, nur durch die Wahl auf den Thron, und wurden sehr leicht ihrer Würde beraubt. Sie hießen Hoefdinge, und hatten neben sich einen Oberpriester, Sinistan genannt, deßen Gewalt weit

un-

g) L. II. c. 1.

h) ad Virgil. l. I. Aeneid. v. 646.

i) *Tacit.* de mor. Germ. c. 45.

k) *Iordan.* de reb. Get. c. 42. et *Priscus* Soph. in excerpt. legat. pag. 40.

uneingeschränkter war, und die weniger vom Zufalle abhieng l).

Herrich scheint seinen Siz des Reichs zu Chalons gehabt zu haben, und die Aaare und die Rhone machten auf der einen Seite die Grenze:

50. Iamque Ararem Rhodanumque amnes transiuerat altos

— — —.

Forte Cauillonis Herricus sedit.

Ich laße es dahingestellt seyn, ob die Ueberbleibsel der von den Hunnen geschlagenen Burgunder sich nach Savoien geflüchtet, dort vom Valentinian III. um das Jahr 442. Wohnsize erlangt, und sich dann immer weiter in Gallien jenseits der Rhone und Saone ausgebreitet haben m), oder ob vielmehr nicht schon längst ein anderer Schwarm Burgunder diese Gegenden Galliens beseßen n), und sich nachher mit ihren Landsleuten in Savoien vereinigt habe. Man mag annehmen, welche Meinung man will, so bewährt sie die historische Treue meines Monuments, und V. 35.

Tem-

l) *Ammian. Marcellin.* L. XXVIII. c. 5. *Ioach. Erdm. Schmidt* diss. de Longob. etc. §. 11.

m) *Hertius* in Notit. Vet. Germ. popul. P. III. c. 6. p. 92.

n) Dieses beweist *P. Oros.* der wenigstens vor dem Jahre 423. geschrieben hat, wenn er L. VII. c. 32. sagt: blande, mansuete – viuunt, non quasi cum subjectis Gallis, sed vere cum fratribus Christianis.

Tempore quo validis steterat Burgundia sceptris

zeigt, daß es nach dem Jahre 534. als in welchem die fränkischen Könige Childebert, Chlothar und Theodorich dem Burgundischen Reiche ein Ende machten, und es in eine fränkische Provinz verwandelten o), verfertiget worden ist. Herrich war noch einer von den Burgundischen Wahlkönigen nach dem Verse:

35. Cuius primatum Herricus *forte* gerebat.

Da Gundikar mit seinem ganzen Geschlechte von den Hunnen getödtet war p), so mußten die Burgunder sich wieder einen neuen König wählen, und die Einwendung des Kanzlers Hert q), daß es nicht wahrscheinlich seye, daß sie sich zwey Könige Hilperich und Gundeuch gewählt, sondern diese vielmehr durch Erbrecht den Thron erhalten hätten, ist sehr unbedeutend, da wir in den meisten Wahlreichen oft den Fall sehen, wie bey innerlicher Uneinigkeit sich die Nazion getrennt, und jede Parthey einen eigenen König angenommen hat. Obgleich die meisten Gelehrten r) bereits die Meinung ver-

o) *Schoepfflin* C. I. pag. 31.

p) *Prosper in Chron. ad a. 436.* Siquidem illum (Gundicarium) Hunni cum populo suo et stirpe deleuerunt.

q) cit. l. §. 8. Opuscul. Vol. II. Tom. I. p. 96.

r) *Koehler* Diss. I. de Car. Bell. Burg. D. §. 6. p. 7. *Schoepfflin* De Burg. Cis-et Transjur. pag. 10.

verworfen haben, daß jene beiden Könige, Söhne des Gundikars gewesen seyen, so kann man dieselbe noch dadurch widerlegen, daß einige Schriftsteller s) versichern, Gundeuch wäre aus dem Geschlechte Athanarichs Königs der Gothischen Tervingen gewesen.

Gleichwie die Nachrichten unsers Dichters vom Burgundischen Reiche vollkommen der gleichzeitigen Europäischen Staatengeschichte entsprechen, eben so wenigen Zweifeln sind dessen Erzehlungen von einem Aquitanischen Fürsten, oder wenn man will, Könige Alpheres und seinem Sohne Bualthar unterworfen. Denn um das Jahr 310. unter Kaiser Diokletian rottete sich in den Aquitanischen Provinzen das Keltische Landvolk mit einigen herumschweifenden Räuberbanden zusammen t), entzog sich der Bothmäßigkeit des Römischen Reichs, jagte, der Unterdrückung und der Erpressungen der römischen Staatsbedienten überdrüßig u), dieselbe aus dem Land, bemächtigte sich allgemach der Städte v), und errichtete eine neue Staatsverfassung w), die mit dem

s) *Gregor. Tur.* Hist. Franc. L. II. c. 28. *Fredegar.* Hist. Francor. Epit. c. 18.

t) *Victor.* in Caesar. p. 207.

u) *Salvian. Massil.* de gubernat. L. V.

v) *Du Bos* T. I. p. 280. suiv.

w) *Zosim. Hist. L. VI.* Itidem totus tractus Armoricus aliaeque Gallorum prouinciae Britannos imitatae consimili-

dem achäischen Bunde einige Aehnlichkeit hatte, und in der Folge die Aremorische Verbindung genennt wurde. Aremorikum hieß schon längst der südliche Theil det Gallischen Seeprovinzen zwischen der Loire, Garonne und dem Ozeane. Das Keltische Wort ist zusammengesezt aus Ar, an, über, und More, Meer, Wasser. Im engern Verstande hieß besonders Aquitanien Aremorikum. Die Völker, die sich zuerst von der römischen Sklaverey losgerissen hatten, und in der Folge die ganze Nazion, hießen vermög ihres Ursprungs Bagauden. So erklären die gleichzeitigen Schriftsteller das Wort, und behaupten, es bedeute so viel, als einheimische Straßenräuber, Landläufer, Gesindel x), auf eben die Art, wie man die Stammväter und Stifter

mili se modo liberarunt, ejectis magistratibus Romanis, et sua quadam Republica constituta pro arbitrio. Haec Britannicae Celticarumque gentium defectio, quo tempore Constantinus iste regnum vsurpabat, accidit, quum ipsius in imperio socordia moti Barbari haice grassationes instituissent.

x) *Victor. de Caes. p.* 207. Namque vbi comperit Carini discessu Helianum Amandumque per Galliam excita manu agrestium ac latronum, quos Bagaudas incolae vocant. *Eutrop. Hist.* L. 9. Cum tumultum Rusticani in Gallia concitassent, et factioni suae Bacaudarum nomen imponerent, duces autem haberent Amandum et Helianum.

Vergl. *Altesserra* rer. Aquit. L. II. c. 8. p. 134.

ter der Freyheit der vereinigten Niederlande Gueux geheissen hat. Der Baron Dü Cange y) leitet hingegen das Wort vom Keltischen Bagad, einem Kriegsbündnisse, einer bewafneten Vereinigung. Sie werden auch Wagaudä genennt, wovon das teutsche Wort Wockre ein Ueberbleibsel z). Der Abt Dü Bos a) glaubt, ihre Vereinigung hätte, wie die von den Niederlanden, aus lauter einzelen Freystaaten bestanden. Allein, das ist eine blosse Muthmassung, die er nicht im Stande war, mit irgend einem Beweise zu unterstüzen, oder wahrscheinlich zu machen. Unser Autor, der ihnen einen Oberherrn giebt,

77. Namque Aquitanorum tunc Alphere regna tenebat.

hat sowol das Zeugnis des Eutropius für sich, der berichtet, daß die Bagauden ihren Aufstand unter Anführung zweener Herzoge Amandus und Helianus erregt hätten, als eine Stelle in der bekannten Römischen Reichsstatistick, Notitia Imperii genannt, die im V. Jahrhunderte gemacht worden ist, und worinn es ausdrücklich heist: Sub dispositione Viri spectabilis Ducis Tractus Armoricani et Nervicani. — Daß Duces, Reges und Reguli Ausdrücke sind, welche von den Skribenten dieses Zeitalters wechselseitig gebraucht

y) in Glossar. med. aevi, V. Bagaudae.

z) *Reineccius* von des Adels Herkommen. Vid. *Ritters* *bus.* ad Salvian. Mass. p. 165. sqq.

a) T. I. L. II. ch. 3. p. 296.

gebraucht werden, darf ich nicht erst beweisen. Aus der ebenangeführten Statistick bestätigt sich auch die Ausführung des Abts Dû Bos, daß die Einwohner des Aremorischen Distrikts b) oder die Bagauden sich nicht ganz von ihrer Verbindung mit dem Römischen Reiche losgerissen haben, sondern dessen Hülfsvölker geblieben sind, und zuweilen unter dem Namen der foederatorum vorkommen. Sie behielten diese besondere Verfassung bis auf die Zeiten Klodowigs des Großen, und alle Bemühungen der Römischen Kaiser, sie theils durch Gewalt und theils durch gütliche Mittel zum Gehorsam zurückzubringen, waren vergeblich gewesen. Unter Attila standen sie in vieler Verbindung mit den Hunnen, als zu welchen sich ein gewißer Eudoxius flüchtete c).

Ueber diese Bagauden, oder einen Theil derselben regierte Walthers Vater. Sie waren Kelten, und werden vom Zosimus d) Barbari in regione Celtarum genennt. Auf gleiche Art rechnet sie Salvianus von Marseille e) unter die Barbaren,

b) *Du Bos* Tome I. p. 83. 84.

c) *Prosp. in Chron.* Eudoxius arte Medicus praui sed exercitati ingenii in Bagaudia id temporis commota delatus ad Chunnos confugit.

d) *Hist. L. 6.* Constans -- Barbaros e regione Celtarum aduersus Constantinum ad defectionem impellit.

e) *L. V. c. 5.* Itaque passim ad Gothos vel ad Bagaudas, vel ad alios vbique dominantes Barbaros migrant, et commigrasse non poenitet.

ren, womit die Beschreibung Erichs im Leben des h. Germans Bischofs von Auxerre übereinstimmt:

Gens inter geminos notissima clauditur amnes
Armoricana prius veteris cognomine dicta
Torva, ferox.

Etwas ähnliches sagt von den Aquitaniern auch der Abt Hariger im Leben des h. Remaclus f). Nach diesen vorausgeschickten Zeugnissen werden wir uns über den Charakter Walthers, der überall als ein tapferer, muthiger, kriegerischer und durch die roheste Lebensart abgehärteter Prinz erscheint, nicht wundern. Noch weniger werden uns gewisse historische Nachrichten g) von der Sittenveränderung des ganzen südlichen Galliens, und besonders von der Aquitanier Annahme einer ganz römischen Lebensart und Römischer Gebräuche, desgleichen von ihrem Luxus widersprechend seyn, indem sich dieselbe bloß auf die Städtischen Einwohner Aquitaniens, die längst ganz römisch geworden waren h), und mit nichten auf das in den Gebirgen und in den Wäldern wohnende Landvolk beziehen, die unter dem Namen der Bagauden den neuen Staat formirt hatten.

Wir

f) c. 48. Est autem Aquitania --- viris efferatos mores habentibus bellicosa pariter et inquieta.

g) *Ammian. Marcellin.* L. XV. *Salvian. Massil.* de gubernat. Dei L. VII.

h) *Altesserra* rer. Aquitan. L. II. c. 6. pag. 130.

Wir haben gehört, daß diese Leute Kelten gewesen sind. Es ist also nicht zu befremden, daß sie ihre Nationalsprache beybehielten, obschon die Römische Baurensprache (Lingua Romana Rustica) sowol in ihren Städten, als in ganz Gallien gesprochen wurde i). Ein neuer Beweis der Aechtheit meines Gedichts ist es also, wenn der Sächsische Fremdling Ekeurid Walthern

762. Celtica lingua probat, te ex illa gente creatum
Cui natura dedit, reliquos ludendo praeire

zuruft, da es aus den klaren Worten einiger Zeitgenossen ganz ausgemacht ist, daß man im V. Jahrhunderte noch keltisch geredet hat. Sidonius Apollinaris k) sagt zu jemand: deiner Person hat man es einmal zu verdanken, wenn der Adel den Wust der Keltischen Sprache ablegen, und bald in rednerischem Tone, bald in abgemeßenem Sylbenmaße sprechen wird. Beym Servius Sulpicius l) entschul-

i) Id. pag. 131.

k) *L. III. Epist.* 3. Tuaeque personae quondam debitum, quod sermonis Celtici squaminam depositura nobilitas, nunc oratorio stylo, nunc etiam camoenalibus modis imbuebatur.

l) *Dial. I. §. 20. p. 527.* Sed dum cogito, me hominem Gallum inter Aquitanos verba facturum, vereor, ne offendat vestras nimium urbanas aures sermo rusticior. --- --- Tu vero, inquit Posthumianus, vel celtice, aut si mavis, gallice loquere, dummodo jam Martinum loquaris.

schuldigt sich ein anderer, daß er wegen seiner bäurischen Sprache, die Begebenheiten des h. Martins nicht erzehlen könne, und man giebt ihm die Erlaubnis, sich nach Belieben entweder keltisch oder gallisch auszudrücken. Der eigenthümliche Charakter der Aquitanier: reliquos ludendo praeire, den ihnen unser Autor beylegt, bestärkt sich ebenfalls aus einer Menge gleichzeitiger Beweisstellen. Den schon von Cäsarn m) angemerkten Leichtsinn und die Flüchtigkeit der Gallier bestätigt Silius Italicus L. VII. de B. Pun.

Vaniloquum Celtæ genus et mutabile mentis,

und Trebellius Pollio n). Von den Aquitaniern insbesondere Adrevaldus o), wenn er sagt: Faciles Aquitanorum animi ad noua quaeque leuiter molienda. Ich muß über die obige Stelle noch die Anmerkung machen, daß Molter in seiner Uebersezung p), da er die angeführten Worte dem Walther in den Mund legt, den dramatischen Gang des Gedichts ganz verkannt hat. Denn V. 757. ist seine Leseart ganz falsch, und die meinige die richtige. Walther fängt zu reden an, darauf antwortet V. 762. Ekeurid, V. 764. nimmt Walther wieder das Wort auf, und zulezt V. 767. spricht Ekeurid. Diß beweisen die charakteristischen Züge, womit ein Jeder

m) de bello Gall. L. III. c. 8. 19. L. IV. c. 5.

n) *in Posthum.* Galli novarum rerum semper cupidi.

o) De miracul. S. Bened. L. I. c. 38.

p) S. 44. 45

Jeder den Andern zu beschimpfen sucht. Walthar ruft V. 758. dem Ekeurid zu:

Dic, — an corpus vegetet tractabile temet,
Siue per aerias fallas, maledicte, figuras,
Saltibus assuetus Faunus mihi quippe videris.

Diese Schilderung entspricht vollkommen der ursprünglichen Wildheit der Sächsischen Nazion, die alle Schriftsteller bemerken. Ammian Marcellin q) behauptet, die Sachsen wären vor andern Feinden zu fürchten. Salvian r) heist sie wild, und in der Grausamkeit unmenschlich. Ennodius s) sagt, sie hätten alle Gattungen von Grausamkeiten nach Art der reißenden Thiere begangen. Sidonius t) nennt sie einen Feind, der gräulicher als jeder andere Feind wäre, und Gildas u) die wildesten Unmenschen, Gott und Menschen verhaßt.

Andere schildern sie jedoch bloß als tapfere, dauerhafte und unermüdete Streiter, wie Zosimus

q) L. XXVIII. c. 2.

r) *de Gub. Dei L. VII.* Saxones crudelitate efferi. *L. IV.* Saxonum gens fera est.

s) *in vita S. Anton. Lerin.* Iam Franci, Heruli, Saxones multiplices crudelitatum species belluarum more peragebant: quae nationum diuersitas superstitiosis mancipata culturis Deos suos humana credebant caede mulceri.

t) L. VIII. Epist. 6.

u) de excid. Britann.

mus v), Orosius w) und Meginhard x). Dieser Sachse, der sich in dem Gefolge des Königs Günther der Franken befand, kann entweder aus dem Ursitze seiner Nazion hergekommen, oder ein Landsmann derjenigen Sachsen gewesen seyn, die sich schon um diese Zeit an den Gallischen Küsten niedergelassen hatten y). Der Geist der ritterlichen Wallfahrt hatte sich schon damals der meisten Teutschen und Skandinavier bemächtiget, und man sah sie die entferntesten Höfe Europens besuchen, und dort eine Zeitlang Kriegsdienste thun. Daher rührte es, daß jedes barbarische Volk, das einen Einbruch in das Römische Reich that, Leute aus allen germanischen Volksstämmen bey sich hatte z). Selbst die Hunnen waren bey ihrem Einbruche in Gallien von vielen teutschen Völkerschaften begleitet a). Folglich war es nichts außerordentliches, wenn Günther einen Sachsen unter seinen Vasallen gehabt hat.

Der historische Innhalt unsrer Epopöe bestärkt sich auch durch die Namen der Personen, die darinn auf-

v) Hist. L. III.

w) L. VII. c. 32.

x) De translat. corp. S. Alexand. ap. *Scheidt* in Bibl. Goett. P. I. p. 4.

y) *Du Bos* Hist. crit. de l'Etabl. de la Mon. Fr. Tome I. L. I. ch. 16. p. 195. suiv.

z) *P. Diacon.* de gest. Langobard. L. II. c. 26.

a) Id. de reb. Rom. L. XV. in pr. *Iornand.* de regn. success. p. 475.

auftreten. Sie sind alle ächt keltisch und germanisch, wie das die übrigen alten Denkmäler zeigen. Die Könige der Rheinischen Franken heißen Gibicho und Gunthar. Ihr Gefolge besteht aus Hagano, Kamelo, Kimo, Skaramund, Wurhard, Hadawarth, Patawrid, Gerwith, Randolf, Eleuther, Helmnod, Trogunt und Tanast. Der Vater des Hagano heist Agathien. In Burgundien herrscht ein gewisser Herrich, dessen Tochter den Namen Hildegund führt. Ich habe nicht nöthig, diese Namen erst etymologisch zu erklären. Ihr teutscher Ursprung ist klar. Auf gleiche Weise rechtfertigen sich auch die Namen der Städte und ihre Existenz. Worms, v. 431. Vuormocia, wird in der uralten Beschreibung der Gallischen Provinzen b) Vormatia und beym Guido von Ravenna Gormetia genennt c). An eben diesen Oertern geschieht der Stadt Speyer auf gleiche Art, wie bey unserm Autor v. 1006. Vrbs Spira Erwehnung d). Strasburg, Argentoratum, v. 1005. Argentina findet sich in dem Reisebuch des Kaiser Antonins, in der alten Statistick des Römischen Reichs und an andern Orten e), besonders aber in jener Beschreibung der Gallischen Provinzen f). Von Mez, welches v. 580. und

 642.

b) ap. Conring. ad Taciti Germ. p. 169.

c) Geograph. L. IV. §. 26.

d) Vid. *Freher* origin. Palat, P. II. pag. 71.

e) Id. pag. 75. 76.

f) cit. l. Ciuitas Argentoratensium, Stratisburg.

642. vorkömmt, brauche ich die gleichzeitigen Beweisstellen gar nicht anzuführen g).

Es ist bekannt, daß die alten Schriftsteller Pytheas, Ptolomäus, Plinius, Strabo, Mela, Solin, Isidor., Prokop u. a. von der geographischen lage der Insel Thule eine wenig übereinstimmige Beschreibung hinterlassen haben. Denn bald muß man Island, bald Grönland, bald ganz Skandinavien, oder wenigstens die Provinz Thulemarke in Norwegen, und bald eine der Brittischen Inseln darunter verstehen h). Nach der Beobachtung Gottlieb Siegfried Bayers i) haben ihr vorzüglich die Schriftsteller, die vom III. bis ins VI. Jahrhundert lebten, die leztere lage angewiesen. Es bestätigen dieses die Zeugnisse Claudians: IV. Conſ. Honor.

— Maduerunt ſanguine fuſo
Orcades; incoluit Pictorum ſanguine Thule k).
Pictorum tumulos fleuit glacialis Jerne.

des

g) Zum Ueberfluß nur Eine *Vita et Paſſio S. Antidii Veſont. AEp* c. 7. Quibus incitamentis Tyrannus nimio furore ſuccenſus Rhenum apud Maguntiam tranſiens, eandem vrbem primum cum populo vaſtavit, plures dehinc Auſtraſiorum vrbes vallans Mettas peruenit.

h) *Torfaeus* in Hiſt. Norvag. P. I. pag. 11.

i) in opuſcul. Philol. Crit. Halae 1770. pag. 246.

k) Man sehe diese Stelle erläutert bey *Ge. Makenzie* Defenſ. Antiquit. Regal. Scotor. proſapiae. Traject. ad Rhen. 1689. pag. 100. 101.

des gothischen Erdbeschreibers Guido von Ravenna l), des Grammatikers Probus m), des Servius Honoratus Maurus n), und auf gewiße Art auch des Julius Pomponius Sabinus o). Wenn nun mein Ungenannter V. 1125.

Interea occiduas vergebat Phoebus in oras,
Vltima per notam signans vestigia Thilen,
Quae cum Scotigenis post terga reliquit Hiberos.

Thule eine ähnliche geographische Nachbarschaft gegeben hat, so glaube ich nicht zu irren, wenn ich sein Alter auf jenen Zeitraum bestimme. Erst zur Zeit des Beda fieng man an, Island Thule zu nennen p).

Das Wasgauische Gebirge besaß von jeher einen Reichthum von Vaterländischen Alterthümern und Merkwürdigkeiten. Mabillon hielt es daher

l) *Geogr. L. V. c.* 31. Finitur autem ipsa Britannia a facie Orientis habens insulam Thyle vel insulam d' Orcades.

m) *ad L. I. Virgil. Georg. col.* 128. Insulae sunt in Oceano septentrionali junctae Britanniae vltimis partibus Orchades, quarum vltima est Thule.

n) *ibid.* Thule insula est Oceani inter septentrionalem et occidentalem plagam vltra Britanniam et Orcades.

o) *ibid.* Thyle insula est vltima Oceani Britannici.

p) Vid. Fragment. Vet. Island. ap. *Langebek*, Tom. II. Script. rer. Danicar. p. 31.

daher für würdig eine eigene Reise dahin zu thun, und alles mit der größten Genauigkeit zu untersuchen und aufzuzeichnen. Seine Beobachtungen q) stehen in den Memoires der Akademie von Paris. Allein ein gewisser Winkel, den unser Autor nach der Molterischen Uebersezung auf folgende Art beschreibt, scheint ihm nicht ganz bekannt gewesen zu seyn, indem er bloß den dabey gelegenen Berg Framont, teutsch Frankenberg und lateinisch Mons Francorum angemerkt hat.

488. — Unterdeßen kam vom Fluß
Fortwandernd der großmüthige Mann in das
Schon damals sogenannte Wasgau. Ein Wald
Dehnt unermeßlich lang sich aus, ein Lager
Der wilden Thiere, von der Hunde Bellen
Und dem Getön des Hüfthorns wiederhallend.
Hier steigen in einer Einöd' an sich grenzend
Zween Berg' empor, und zwischen ihnen schmiegt
Sich einwärts eine zwar sehr enge, doch
Anmuthige Höhle, nicht von hohlem Erdreich
Gebildet, sondern von dem Gipfel der Felsen,
Ein sonst bequemer Aufenthalt für Blut-
Begierige Räuber, war jezt dieser Winkel —
Mit grünen Teppichen von Gras bewachsen.

Schon in der Peutingerischen Weltcharte finden wir Silua Vosagus und beym Venantius r) eine Beschrei-

q) Discours sur les anciens sepultures des Roys de France. Tome II. de Mem. de l'Acad, des Inscript. bell. lettr. pag. 634 suiv.

r) Venant. Fortunat. ad Gogon.

Aut

schreibung seiner Wildfuhr, welches unsern Vers Venerat in saltum jam tum Vosagum vocitatum beurkundet. Außerdem beweisen uns eine Menge Zeugnisse s), daß der Wasgau zur Zeit der ersten fränkischen Könige ein sogenannter Königsbannforst gewesen ist, den sie sich bis auf die Zeiten Ludewigs des Milden zu ihren Hofjagden vorbehalten hatten. Thegan sagt von diesem an einem gewissen Orte, er hätte sich nach der Weise der alten Franken in der Wasgauischen Wüste mit der Jagd belustigt. Der Wald heist bey den angeführten Schriftstellern beständig Vosagi lustra, secreta, latissima Vastitas, lauter Beywörter, die dem Verse

Nam nemus est ingens, spaciosum, lustra ferarum
Plurima habens.

angemessen sind, und deren Originalstellen ich bey einer andern Gelegenheit vorlegen werde.

Man hat indeß vergeblich über die Bestimmung des Orts gestritten, wo Attila beym ersten

Cus

Aut aestiua magis nemorum saltusque pererrans
Cuspide, rete feras hinc ligat inde necat?
Ardennae an Vosagi, cervae, caprae, Helicis ursi
Caede sagittifera silua fragore tonat?
Seu validi Bufali ferit inter cornua campum.
Nec mortem differt ursus, onager, aper.

s) *Gregor. Turon.* Hist. L. X. c. 10. Dipl. Theodor. R. Francor. de 620 ap. *Eccard.* in origin. Habspurg p. 113. A. vitae Ludov. Pii ad a. 821. et Thegan. ad h. a.

Einbruche in Gallien über den Rhein gegangen ist. Es kan doch nichts sicheres herausgebracht werden. Vielleicht läßt sich aber jezo die Sache aus der Beschreibung seines zweeten Uebergangs berichtigen, die man in unserm Gedichte aufgezeichnet findet. Es geschah mit nichten am Oberrheinstrohme. Attila gieng zwar zuerst auf Worms, kehrte aber von da gleich zurück, und durchlief Helvetien, sezte dann über die Aare und Rhone, und stürzte gerade auf Chalons sûr Saone. Von hier gieng er weiter westwärts, und drang durch Aquitanien in das südliche Gallien, wo er endlich von Thorismond, Könige der Westgothen, zum Rückzuge genöthiget wurde t).

Seither habe ich die Aechtheit meines Gedichts aus historischen Gründen bewiesen. Nun habe ich noch ein Wort von seiner Philologischen und Diplomatischen Richtigkeit zu reden. Diese bestätiget sich hauptsächlich aus verschiedenen Wörtern und Redensarten, die nur bey Schriftstellern vorkommen, die in dem Zeitalter, worin ich dessen Epoche seze, geschrieben haben. Aber es würde dem Leser ekelhaft werden, hier alle die Vergleichungen wiederhohlt zu finden, die ich in meinem Commentar angestellt habe. Ich begnüge mich also mit der Aus-

zeich-

t) *Ant. Dad. Alteserra* rer. Aquitan. L. V. c. 13. p. 338. Ludw. Gottfr. Mogens Geschichte der Deutschen bis zur Errichtung des teutschen Königreichs, S. 99.

zeichnung eines Theils derselben, und verweise wegen der übrigen auf mein Buch selbst. V. 103. heist es von den beiden Geißeln Walther und Hagano:

Robore vincebant fortes, animoque Sophistas.

Hier werden die Gelehrten von Profession Sophisten genennt, welches 3. Jahrhunderte vor Christi Geburt und 3 Jahrhunderte nach dieser Zeitbestimmung und bis ins sechste Jahrhundert geschah u). Das Wort patrare hatte bey den Klaßikern einen etwas zweideutigen und schmuzigen Sinn. Die ersten christlichen Scribenten fiengen erst an, es in gutem Verstande, wo es so viel als machen, verfertigen heist, zu gebrauchen v), und gerade auf diese Art bedient sich mein Author des Ausdrucks:

266. Tantumdemque tibi patrans imposito.

Unter die Diplomatischen Kennzeichen des angegebenen Alters gehören auch die Wörter: habundans für abundans, im 111. Verse, dann V. 233. Hyronia für Ironia, V. 753. a saxonicis horis, für oris. Dergleichen überflüßige Aspirationen finden sich bloß in den ältesten Handschriften vom Virgil und andern Klaßikern w), die ohngefehr um diese Zeit

u) *Iac. Gothofred.* in Comment. ad L. XIV. Cod. Theodos. tit. 9. *L. 3.* Tom. V. p. 205.

Io. Scheffer de stylo exercit. c. 13. §. 5. p. 165.

v) *Barth.* Aduers. L. XXXV. c. 4. col. 1592.

w) *Rad. Forner.* rer. quotid. L. I. c. 10. p. 12.

Zeit gemacht worden sind. Das Recludere für claudere findet sich auch §. 7. Inst. de legit. agnat. success. Die Vermischung und Verwechslung der Buchstaben D. und T. ist nicht weniger ein Kennzeichen des grauen Alterthums, und wird in den Pisanischen Pandekten oft angetroffen x), wo man aDquin, apuT, eD, quiT, quoD u. s. w. liest. Unser Autor hat v. 546. Dum für Tum, v. 396. ReliquiD, für Reliquit, v. 1056. InquiD für Inquit. Mit dem Virgil nimmt er v. 600. et passim oft equitem für equum, welches zur Vertheidigung der alten Grammatiker gegen den Hofrath Heyne y) anzumerken ist. Den wichtigsten Beweis wird wol die lateinische Kirchensprache, die nach dem Muster der Vulgata, gleichwie in dem Theodosiussischen Gesezbuche, auch überall in diesem Gedichte herrscht. Ich habe darüber schon oben verschiedene Stellen aufgeführt; hier will ich noch ein paar Wörter hinzufügen. V. 158. Obsequium Domini bedeutet so viel als ein herrschaftliches Amt, Dienst. Im ähnlichen Sinne wird's in der Vulgata 2 Reg. V, 2. 2 Chron. XXIV, 17. Cod. Theodos. XVI. 2. 2. 3. VII. 1. 2. u. s. w. desgleichen nach dem Ammian Marcellin XXI. 6. genommen. Gratia heist v. 303. Wohlthat, Gnadensbezeugung, nach dem Vorgange der Vulgata Röm. XII, 3. 2 Corinth. I. 12. 15. und des Theodosiussischen Gesezbuchs XVI, 5. 4. 6. 1. 5. V. 456. wird nach einem Gebrauche, der bis ins XI. Jahr-

x) Id. cit. l.

y) in Comment. ad Virgil. Georg. L. III. v. 116.

Jahrhundert gedauert hat z), Cavallum für Caballum geschrieben. Patria heist v. 1149. ein Land, in einem ungewöhnlichen Sinne, in welchem es sehr häufig vom Guido von Ravenna a), einem Gothischen Schriftsteller des VII. Jahrhunderts, gebraucht wird. Das eben so seltene affamina, Ansprache, Anreden v. 1260. kömmt beym Apulejus b) vor. Ich habe schon an verschiedenen Orten geäußert, daß ich den Verfasser für einen Mönch von Keltischer Abkunft halte. Es beweisen das die vielen Keltischen Wörter, die im Gedichte enthalten sind, und womit das Wörterbuch des Hauteserre c) bereichert werden kan. Sergiamentum heist Bestallung, Migma Zugemüse, Tyrannus König, Gausape Schenktuch, Nappa Trinkglas, Tallus Trinkschale, Edes Degenscheide, Framea Lanze, Gemina Pferdedecken, Vassus Diener. Ich habe diese Ausdrücke in meinem Commentar S. 13. 23. 31. 25. 18. 55. 34. 35. etymologisch erläutert und bestätiget. Einige wie Vuelandia, Viuo, Natore sind mir noch unbekannt, und bin ich ungewiß, ob ihre Leseart ächt ist. Das Wort Satrapa im 275. Verse kömmt eben so oft bey andern gleichzeitigen Schriftstellern vor d).

Das

z) *Du Cange* in Glossar. med. aeui, Vol. II. col. 5. 6.

a) Geograph. L. III. §. 3.

b) *L. XI.* matrem siderum, parentem temporum, orbisque totius dominam blando mulcentes affamine.

c) rer. Aquit. L. II. c. 7. Seqq.

d) *Vita S. Swiberti ap. Leibnit.* Tom. II. Script. rer. Brunsw. p. 234. *Beda* Hist. Eccl. gent. Angl. L. V. c. 11.

Das Wort Solium, so viel als Königlicher Thron, hat Vers 290. Duxerat ad solium, quem composit byssus et ostrum, der Author nicht allein aus Nachahmung des Virgils

— Solioque alte subnixa sedebat

Aeneid. L. I. v. 498.

und des Corippus Afrikanus

Vt laetus princeps solium conscendit in altum,
Membraque purpurea praecelsus veste locauit.

De laud. Iust. L. III.

gebraucht, sondern es war bey den barbarischen Königen d), und insbesondere beym Attila üblich e), daß sie feyerlich auf dem Throne bey der Tafel saßen, und der Thron war bey ihnen ein nothwendiger Theil der Reichsinsignien f). Daher des Attila seiner vom Priskus g) förmlich beschrieben wird. Einen außerordentlichen Sinn aber hat das Wort Solium

212. — sed ad solium mox Vualtharius properauit

wo es den königlichen Pallast bedeutet. Es wird in diesem Verstande bloß beym Ausonius

Armi-

d) *Anna* Alexiad. L. VIII. *Ditmar. Merseb.* Ann. L. IV. p. 357.

e) *Priscus* in Exc. leg. p. 66.

f) *Egesipp. in vita S. Severin. L. II. c. 1.* Quid enim sella aurea, albatum diadema, nisi regni forent insignia, quo spiritu praesumpserit sedere super thronum Regium more quodam et vsu Imperatorum. Vergl. *Barth.* in Aduers. L. X. c. 16. col. 489.

g) *Priscus int. exc. legat. p. 66.* E regione cuius erat et alter Attilae Thronus, pone quem erant quidam gradus, qui ad eius Cubile ferebant, linteis candidis et variis tapetibus, venustatis et ornatus gratia contectum, simile cubilibus quae Romani et Graeci nubentibus adornare pro more habent.

Armipotens dudum celebrari Gallia gestit
Treuericaeque vrbis solium, quae proxima Rheno
Pacis vt in mediae gremio secura quiescit.
in Ord. Nobil. Vrb. III. v. 1.

angetroffen, und ein gewisses anderes nicht viel jüngeres Monument h) scheint es eben so genommen zu haben. Amici für Günstlinge V. 133. findet sich im Theodosiussischen Codex, beym Spartian und andern alten Schriftstellern i). Daher noch die Anrede des Königs von Frankreich an seine Hof- und Staatsbediente Amés et feaux, Amici et fideles lautet.

Einige Wörter könnten uns fast auf die Vermuthung eines spätern Zeitalters bringen: dergleichen V. 57. et cunctos compellat sic seniores, dann Mi senior v. 543. hoc oculis senioris adesse morabor v. 153. O senior v. 172. zu seyn scheint, als welches Wort senior man nur gewöhnlich seit dem IX. Jahrhundert bey den Schriftstellern antrift. Der Zweifel hebt sich aber durch eine Stelle vom Sidonius Apollinaris k), und eine Stelle vom Jahr 535. l), wo dieser Ausdruck ebenfalls enthalten ist. Auf gleiche Art läßt sich v. 213. Palatini Ministri durch Parallelstellen aus den römi-

 schen

h) *Vita S* Theodardi AEp. Narbonn. das von den Benediktinern *Du Cange* Glossar. Tom. VI. col. 534. nicht erklärt werden konnte.

i) *Du Cange* cit. l. T. I. col. 386.

k) *L. VII. Ep.* 12. Putamus charissimi, quod digne quaerat illa anima et ita pulset, vt ei aperiatur, quae ad leue praeceptum Senioris respondere praesumit.

l) *Concil. Arvern. Can.* 15. Senioribus Francis seu Majoribus, qui in villis suis seu in Aula commorantur.

schen Gesetzen m), aus dem Ambrosius n) und gewissen noch ältern Geschichtschreibern o) rechtfertigen. Eben dieselbe werden v. 275. Famuli genennt, welches auch vom Spartian geschieht.

319. Et licet ignicremis vellet dare moenia flammis
Nullus, qui causam potuisset scire, *remansit.*

empfängt aus dem Pact. L. Sal. tit. 19. si quis casam quamlibet intus dormientibus hominibus incenderit, — si aliqui ibidem remanserint, — sol. 100 culpabilis judicetur, seine Bestätigung. Die eigenthümliche Bedeutung, die

1131. Tum secum sapiens cepit tractare satelles

das Wort satelles hat, findet man beym Ammian Marcellin p) und bey etlichen noch ältern Schriftstellern q). V. 407. bedeutet Miles einen Vasallen, nach der Gewohnheit des V. und VI. Jahrhunderts, wie es eine Stelle beym Avitus r) und die Ausführung des Abts du Bos s) zeigen. Das Wort Vassus ist schon oben beleuchtet worden.

Epilo-

m) L. XXII. D. Solut. Matrim. *Godofred.* ad L. VI. Cod. Theod. tit. 30. T. II. p. 207.

n) *Ep. V.* Palatina officia omnia, id est, Memoriales, Agentes in rebus, Apparitores diuersorum Comitum.

o) *Salmas.* ad Vopisc. in Aurel. T. II. Hist. Aug. p. 599. Id. ad Lamprid. in Alex. Sev. Tom. I. p. 981.

p) L. XVI. p. 91.

q) *Salmas.* ad Lamprid. in Alex. Sev. Hist Aug. T. I. p. 1031.

r) *Ep. 41. p. 94.* Quod apud Dominum meum suae quidem gentis regem, sed Militem vestrum obtinuisse me suggero.

s) Hist. Crit. de la Monarchie Franç. Tom. II. p. 518.

Epilogus Carminis Epici.

De rebus geſtis Waltharii Aquitanorum principis, ex Msto Sæc. IX. Bibliothecæ Carolsruhenſis editus.

Haud aliter Numidus quam dum venabitur vrſus
Et canibus circumdatus aſtat et artubus horret
Et caput occultans ſubmurmurat, ac propiantes
Amplexans umbros miſerum mutire coartat.
Tum rapidi circum latrant hinc inde moloſſi
Cominus, ac diræ metuunt accedere belluæ.
Taliter in nonam conflictus fluxerat horam,
Et triplex inerat cunctis maceratio lethi,
Terror et ipſe labor bellandi ſolis et ardor.
Interea herois cepit ſubrepere menti
Quiddam, qui tacito premit has ſub corde loquelas
Si fortuna viam von commutauerit, iſti
Vana fatigatum memet per ludicra fallent.
Ilico et elata Haganoni voce profatur:
Opaliure virens foliis, ut pungere poſſis,
Tu ſaltando jocans aſtu me ludere temptas:
Sed jam ſaxo locum propius ne accedere tardes;
Ecce tuas ſcio prægrandes in corpore vires,
Me piget incaſſum tantos ſuſſerre labores.
Dixit et exiliens contum contorſit in illum
Qui pergens onerat clypeum dirimitque aliquantum
Loricæ, ac magno modicum de corpore ſtringit.
Denique præcipuis procinctus ſulſerat armis
At vir Vualtarius miſſa cum cuſpide currens,
Euaginato regem importunior enſe
Impetit, et ſcuto dextra de parte reuulſo.
Ictum præualidum ac mirandum fecit, eique
Crus cum poplite ad usque femur decerpſerat omne.

Ille super parmam ante pedes mox concidit huius.
Palluit exanguis domino recidente satelles
Alpharides spatam tollens iterato cruentam
Ardebat lapso postremum infligere vulnus.
Immemor at proprii Hagano vir forte doloris
Iratum caput inclinans obiecit ad ictum
Extensam cohibere manum nequiuerat heros;
Sed lassis fabrefacta diu meliusque peracta
Excipit assultum, mox et scintillat in altum,
Cuius duricia stupefactus dissilit ensis
Proh dolor! et crepitans partim micat aere et herbis.
Belliger ut frameæ murcatæ fragmina vidit
Indigne tulit, ac nimia furit efferus ira,
Impatiensque sui capulum sine pondere ferri,
Quamlibet eximio præstaret et arte metallo,
Protinus abjecit monimentaque tristia spreuit;
Qui dum forte manum jam enormiter exeruisset,
Abstulit hanc Hagano sat letus vulnere prompto.
In medio jactus recidebat dextera fortis
Gentibus ac populis multis suspecta terarmis
Innumerabilibusque fulserat ante trophæis.
Sed vir præcipuus, nec leuis cedere gnarus
Sana mente potens carnis superare dolores,
Non desperauit, neque vultus concidit eius.
Verum vulnigeram clypeo insertauerat vlnam,
Incolumique manu mox eripuit semispatham,
Qua dextrum ejaxisse latus memorauimus illum,
Illico vindictam capiens ex hoste seueram:
Nam feriens dextrum Haganoni effodit ocellum
Ac tempus resecans pariterque labella reuellens
Olli bis ternos discussit ab ore molares.
Tali negotio dirimuntur proelia facto
Quemque suum vulnus atque eger anhelitus arma
Ponere persuasit! Quisnam hic immunis abiret?
Qua duo magnanimi heroes tam viribus equi

Quam

Quam feruore animi steterant in fulmine belli
Postquam finis adest, insignia quæque notabant:
Illic Guntharii pes regis, palma jacebat
Waltharii, nec non tremulus Haganonis ocellus,
Sic sic armillas partiti sunt Auarenses.
Consedere duo, nam tertius ille jacebat,
Sanguinis undantem tergentes floribus amnem,
Hic inter timidam reuocat clamore puellam
Alpharides, veniens quæ saucia quæque ligauit.
His ita compositis sponsus præcepit eidem:
Iam misceto merum Haganoni et porrige primum,
Est Athleta bonus, fidei si jura reseruet;
Tum præbeto mihi, reliquis qui plus toleraui;
Postremum volo Guntharius bibat, utpote segnis
Inter magnam vim, qui paruit arma virorum
Et qni Martis opus tepide atque eneruiter egit.
Obsequitur cunctis Herrici filia verbis.
Francus at oblato licet arens pectore vino
Defer ait prius Alpharidi sponso ac seniori
Virgo tuo, quoniam fateor, ne fortior ille est
Non solum mihi, sed cunctis —— —— eminet ille.
 Hic tandem Hagano spinosus, et ipse Aquitanus
Mentibus inuicti, licet omni corpore lassi
Post varios pugnæ strepitus ictusque tremendos
Inter pocula scurrili certamine ludant.
Francus ait: jam dehinc ceruos agitabis, amice
Quorum de corio Wantis sine fine fruaris:
At dextrum moneo tenera lanugine comple
Vt causæ ignaros palmæ sub imagine fallas.
Wah sed quid dicis, quod ritum infringere gentis
Ac dextro femori gladium agglomerare videris
Vxorique tuæ, si quando cura subintrat
Peruerso amplexu circumdabis euge sinistram?
Iam quid demoror? En posthac tibi quidquid agendum est

Læva

Laeva manus faciet. Cui Vualtare talia reddit:
Cur tam prosilias, admiror Lusce Sicamber
Si venor cervos, carnem vitabis aprinam;
Et hoc jam famulis tu suspectando videbis.
Heroum turbas transuersa tuenda salutans.
Sed fidei memor antiquæ tibi consiliabor.
Iam si quando domum venias laribusque propinques
Effice lardatam de mulctra farreque pultam
Hoc pariter tibi victum confert atque medelam.
His dictis pactum renouant iterato cruentum
Atque simul regem tollentes valde dolentem
Imponunt equiti, et sic disjecti redierunt
Franci Wormatiam, patriamque Aquitanus adiuit,
Illic gratifice magno susceptus honore
Omnibus et carus post mortem obitumque parentis
Ter denis populum rexit feliciter annis
Qualia bella dehinc, vel quantis sæpe triumphos
Ceperit, ecce stylus renuit signare retusus.
Hæc quicunque leges, stridenti ignosce Cicadæ
Raucellam nec adhuc vocem perpende, sed eurum
Vtpote quæ nidum nondum petit alta relictis
Haec est Waltharii poesis. Nos saluet IHC.
Waltharius clarus virtutibus, at vir amarus.

www.ingramcontent.com/pod-product-compliance
Lightning Source LLC
Chambersburg PA
CBHW020817230426
43666CB00007B/1040
9783743491373